河北省社会科学基金项目“乡村振兴目标下的农地产权政策调适研究”(HB19YJ022)阶段性成果

中国农村土地产权制度改革探索

赵金龙　胡　建　许月明　著

中国农业出版社
北　京

前言

乡村振兴需要农村土地制度的支撑。“产业兴旺”需要实现土地要素的优化配置，包括三次产业用地的空间优化、不同经营主体间用地的优化，以提高土地利用效率；“生态宜居”需要实现土地资源在生态、产业、生活之间的平衡配置，在稳住生态红线、保证粮食安全基础上，为村民打造适宜的生活空间；“乡风文明”需要确保集体土地利用中的社会和谐，遵守国家法律法规、尊重邻里关系和各集体成员的利益，不破坏耕地、不乱建房屋、不挤占邻家土地等；“治理有效”需要维持土地利用中的集体协作机制，在乡村规划调整、土地发包与调整、基本农田整治与建设中统筹处理好各种关系，打造利益共同体；“生活富裕”这一终极目标更需要土地资源的全方位保护与利用。改革农村土地制度以适应乡村发展需要，是实现乡村振兴的基本要求。农村土地制度的核心是土地产权制度，探索农村土地产权制度的优化措施可以为全面乡村振兴的实现提供一些思路。

制度是历史和现实有机结合的产物，也是二者需要和可能相互妥协的结果。农村土地制度的改革不能仅从当前的社会经济条件出发，还需要从历史中汲取智慧，因为任何制度都存在路径依赖。制度变革也不能仅考虑宏观需要和理论逻辑，还需要顾及置身其中的民众诉求，因为制度的制定和实施需要多主体共同推动。故此，本书首先追寻了农地产权制度、征地制度和宅基地制度的演变历史，剖析了各类地权的变化轨迹，并按社会经济发展要求探寻了制度变革的前景。同时，结合两个案例，基于农民视角分析了二轮承包到期后土地调整问题和闲置宅基地处置问题，以探求可能的制度变革方向。

本书分为七章。第一章探索了农地产权制度的演进及改革。在梳理改革开放以来农地产权制度演变历程的基础上，指出我国农地产权经历了“两权分离”到“三权分离”的转变，其关键举措是不断强化农户的承包经营权，最终使其物权化。第二章分析了强化农地承包经营权对实现农业规模经营的影响。在农地产权配置过于分散的情况下，通过自发流转实现土地规模经营存在着地租成本困境和交易成本困境。行政力量适当介入农地流转事务是推动土地规模经营、避免耕地过度“非粮化”的合理要求。第三、四章对第三轮土地承包中农地承包经营权调整问题进行了分析。其中第三章重点从理论上分析第三轮土地承包时的土地承包权调整问题，探究农地调整的利与弊。第四章重点从实践需要和农民诉求角度分析平衡政策要求和农户诉求的“调利不调地”“一户一块田”等模式。第五章探索了征地制度改革问题。在梳理征地制度及征地引发的矛盾冲突基础上，总结了征地矛盾演变的阶段性特征，分析了21世纪以来征地制度改革及其存在的深层次问题，并对征地的前置条件、征地属性、增值归属、补偿安置标准等关键问题进行剖析，进而提出多方面的改革措施。分析发现，征地纠纷和冲突并非仅仅由征地制度本身所引发，当前征地制度总体合理，但具体细节需要完善，应当探索建立各方都能接受的征地纠纷评判机制。第六、七章分析了宅基地制度改革及闲置宅基地退出问题。其中第六章梳理了宅基地制度的演变历程，总结了宅基地产权制度的变化轨迹，分析了当前宅基地制度的弊端、“三权分置”改革方面的争议，并指出进一步改革的原则和设想。当前的宅基地制度已难以维持，必须进行改革。在难以设计出适用于全国的宅基地制度改革方案的情况下，应当在基本原则统一的基础上鼓励各地自行探索。第七章结合具体案例分析了农村宅基地闲置现状、原因以及农民对闲置宅基地的处理意愿，并从解决宅基地利用中的突出问题出发，提出了宅基地制度的优化措施。

本书是课题组成员经过多年打磨，通过梳理相关文献，以及与众多专家进行观点对话形成的结果。虽然在理论性和系统性方面还有不足，但我们依然愿意整理成书，以供各位理论界学者和实务界专家批评、斧正。

课题组张尚洁、刘静雯、温晓宁、张欣月、刘晴、张啸颖等河北农业大学硕士、博士研究生，河北农业大学农林经济管理专业2017级卓越农林班的本科生，保定市安正土地管理技术服务有限公司的李琨、高彩云、任倩、吴永华等工程技术人员参与了案例的调研和分析，在此一并表示感谢。谨以此书作为我们生命交集时光的碑铭，刻下我们的足迹，砥砺我们继续前行。

著　者

2023年5月1日

目录

第一章

农地产权制度的演进及改革探索

梳理我国农地产权制度演变历程，对总结农地制度变革规律、确定农地制度改革方向、完善现行农地制度有着重要意义。改革开放以来，我国农地产权经历了“两权分离”到“三权分离”的转变，但各项产权之间的关系还没有完全理顺，农地产权体系还需要进一步完善。

第一节　改革开放以来我国农地产权制度的演变历程

我国农地产权制度创新往往始于农民或集体主动实践或地方先行试点再向全国推广等自下而上形式。中央政府对各地的创新做法一般会进行研判，对于科学合理的制度创新，以文件形式倡导并在实践中推行。[1]经过大规模实践证明有效、需要长期坚持的制度，一般会逐渐上升到法律层次。由于各地实践中的制度创新非常纷杂且并非都能持久和成功，而法律又相对僵化、难以反映最新的变化，所以本章从中央文件入手，分析我国农地产权制度的演变。需要说明的是，本章的分析主要依据涉农的中央1号文件及个别年份在农地制度演变中起到非常重要作用的中央文件来展开。此外，农地产权问题不仅包括土地归属、占有、使用、获益、处置等直接的土地权利问题，还包括土地产品的管制问题。政府对土地产品的管制直接影响土地经营收益及其分配，并影响土地价值和土地产权的配置。如自1953年起，我国开始实行粮食统购统销政策，农地生产什么、生产多少、生产产品价格高低、交售到哪等完全掌控在政府手中，土地产权价值完全取决于政府的农产品流通政策。在“以农促工”的宏观经济背景下，作为农村土地所有者的农民及后来的集体，其生产经营自主权很小。此时的土地所有权是虚的，所有者只是按照政府下达的生产计划进行生产，无法自由经营。在这种情况下，无论集体和农户之间如何进行权利分割，农地收益都非常有限。改革开放后，统购统销政策逐渐退出，农产品市场流通体系完全确立，农地产权问题才真正回归为地权问题。因此，农地出产产品的处置权也应纳入土地产权问题一并考虑。

一、改革开放以来我国农地产权制度的阶段性变化

（一）经营计划主要由政府制定，生产作业权逐渐下放

1. 政府逐渐放松对集体的管制，允许探索各种生产责任制。 1979年9月28日，党的十一届四中全会通过了《中共中央关于加快农业发展若干问题的决定》，提出“确定农业政策和农村经济政策的首要出发点”是要尊重和保护人民公社、生产大队和生产队的所有权和自主权，同时加强定额管理。但又明确“不许分田单干。除某些副业生产的特殊需要和边远山区、交通不便的单家独户外，也不要包产到户”。规定“继续稳定地实行三级所有、队为基础的制度”“不允许在条件不具备、多数社员又不同意的时候，搞基本核算单位从生产队向生产大队的过渡”。这个阶段，中央主要政策取向是稳定农业生产责任制，提高集体生产效率。为从收益上刺激集体的生产积极性，一是减少农产品征购指标，要求“在今后一个较长的时间内，全国粮食征购指标继续稳定在一九七一年到一九七五年‘一定五年’的基础上，并且从一九七九年起减少五十亿斤[①]”；二是提高粮食征购价格，规定“粮食统购价格从一九七九年夏粮上市起提高百分之二十，超购部分在这个基础上再加价百分之五十”[②]。可见，这一阶段中央仍要维持集体生产经营状况，只是放松了对集体的限制，允许集体通过明确各小组甚至成员家庭的责权利及提高农产品收购价，以增加集体收益、提高农民生产积极性。

---

① 斤为非法定计量单位，1斤=0.5千克。编者注。

② 农地出产产品是否允许自由交易和产品价格政府管制情况直接影响地权的大小，甚至决定地权有无价值，所以在分析地权变动时，也要给予足够关注。

1980年9月27日，中共中央印发《关于进一步加强和完善农业生产责任制的几个问题》（各省、市、自治区党委第一书记座谈会纪要），表明其在农业生产责任制方面的态度。文件“适当地放宽了对自留地、家庭副业和集市贸易的限制。特别是尊重生产队的自主权[①]，因地制宜地发展多种经营”，同时认为，“集体经济是我国农业向现代化前进的不可动摇的基础”，“不能设想可以在一家一户的小农经济的基础上，建立起现代化的农业”。在这一认识下，中央认为只有“在那些边远山区和贫困落后的地区，长期‘吃粮靠返销，生产靠贷款，生活靠救济’的生产队，群众对集体丧失信心，因而要求包产到户的，……可以包产到户，也可以包干到户”，并对包产到户的社队提出六点要求，但中央也声明“实行包产到户，……没有什么复辟资本主义的危险”。此时，中央对包产到户和包干到户非常谨慎，只作为权宜之计，以解决特殊困难地区、集体经济没有搞好地区的粮食短缺问题。一旦这些地区集体经营走上正轨，则仍然转回集体经济。

2. 政府逐渐放宽对承包到户的限制，为分包到户寻找理论依据。 1982年中央1号文件体现了中央在为农地分包到户寻找理论依据。文件指明，“包产到户、到组，包干到户、到组，等等，都是社会主义集体经济的生产责任制”。重点说明包干到户不是“土地还家”、分田单干。包工、包产、包干性质相同，只是劳动成果分配方法不同。包干到户后，仍“由集体统一管理和使用土地、大型农机具和水利设施，接受国家的计划指导”。文件仍然强调集体在农地经营中的主导作用，要求“社员承包的土地，必须依照合同规定，在集体统一计划安排下从事生产”，集体经济组织“要负责合理分配和调剂承包地，管好和用好耕地”。按文件规定，生产责任制就是将直接生产单位由集体退到组或家庭，而生产什么、产品如何处理等经营管理权依然掌握在政府手中。为保证土地利用效率，文件要求：“在实行包产到户、包干到户的地方，提倡根据生产的需要按劳力或人劳比例承包土地；由于劳力强弱、技术高低不同，承包土地的数量也可以不同。”集体搞承包时，要按各户各组的劳动能力确定其承包耕地的数量，并不

① 生产经营自主权是地权的重要组成部分，自主权的有无和大小直接决定地权的价值。

断调整；“社员承包的土地，不准买卖，不准出租，不准转让，不准荒废，否则，集体有权收回”。集体只是将土地作为生产要素，确切地说仅是作为劳动对象或生产任务，按生产作业能力分配给家庭或小组，目的是实现耕地产出最大化。土地产品主要通过统购统销的流通体系来变现。农户只负责耕种，但可以多劳多得、多产多得。

（二）逐渐建立农产品市场体系，放宽对农地经营权的限制

1983年中央1号文件强调，“稳定和完善农业生产责任制，仍然是当前农村工作的主要任务”。但对农产品流通的限制逐渐放宽，规定“农民完成统派购任务后的产品（包括粮食，不包括棉花）和非统购派购产品，应当允许多渠道经营。国营商业要积极开展议购议销业务，参与市场调节。供销社和农村其他合作商业组织，可以灵活购销。农民私人也可以经营”，这为农产品流通的市场化、集体和农户的自主经营打开了口子。

（三）通过完善承包责任制，实现土地所有权与经营权的分离

1. 延长土地承包期，确定农户的经营主体地位。1984年中央1号文件强调“继续稳定和完善联产承包责任制”，指出“土地承包期一般应在十五年以上。生产周期长的和开发性的项目，如果树、林木、荒山、荒地等，承包期应当更长一些”。这进一步强化了农户对承包地的权利，将之与集体所有权明确分割开来，为农户流转土地提供了产权基础。在承包地的流转方面，文件提出，“鼓励土地逐步向种田能手集中”，“社员在承包期内，因无力耕种或转营他业而要求不包或少包土地的，可以将土地交给集体统一安排，也可以经集体同意，由社员自找对象协商转包①”，但强调“自留地、承包地均不准买卖，不准出租”。即在农户不以流转承包地获取好处的情况下，允许农地流转，以实现农地资源与劳动力资源的有效配置。文件同时指明，国家将“继续调整农副产品购销政策，……继续减少统派购的品

① 当时“转包”的含义与现在不完全相同，转包的地有交公粮、给集体交提留的义务。

种和数量”，农地经营的自由度不断提高。

2. 进一步完善农产品市场体系，为农户自主经营提供市场条件。 1985 年中央 1 号文件指出农产品统购派购制度必须进行改革，要求从 1985 年起，“除个别品种外，国家不再向农民下达农产品统购派购任务，按照不同情况，分别实行合同定购和市场收购”，“粮食、棉花取消统购，改为合同定购”，“定购以外的粮食可以自由上市”，“任何单位都不得再向农民下达指令性生产计划”，这为农户自主经营、自负盈亏提供了越来越宽松的市场环境。文件还指出“在各级政府统一管理下，允许农民进城开店设坊，兴办服务业，提供各种劳务”，这为农民和土地分离、通过流转重新配置土地创造了条件。1986 年中央 1 号文件指明，“随着农民向非农产业转移，鼓励耕地向种田能手集中，发展适度规模的种植专业户”，同时要深入进行农村经济改革，“适当减少合同定购数量，扩大市场议价收购比重”，这为农户经营的自主化、商品化提供了市场基础。

（四）强化农户对承包地的权利，逐渐放松对农地流转的限制

1. 根据劳动力流动情况，经集体同意农户可流转承包地。 1987 年中央 5 号文件《国务院办公厅转发关于加强土地统一管理的会议纪要》指出，“农村经济体制改革的根本出发点，是发展社会主义的商品经济”，“逐步改革农产品统派购制度，建立并完善农产品市场体系，是农村第二步改革的中心任务”，并规定“允许农村剩余劳动力向劳力紧缺的地区流动”，这使承包地的自主经营和自由流转有了客观条件。文件还指出，“只要承包户按合同经营，在规定的承包期内不要变动，合同期满后，农户仍可连续承包”，这进一步强化和稳定了农户的承包经营权。“长期从事别的职业，自己不耕种土地的，除已有规定者外，原则上应把承包地交回集体，或经集体同意后转包他人”，这为农户流转承包地提供了政策依据。

2. 农户可根据自身需要，市场化流转承包地。 1993 年中央 11 号文件《中共中央、国务院关于当前农业和农村经济发展的若干政策措施》进一步指明，“以家庭联产承包为主的责任制和统分结合的双层经营体制，是我国农村经济的一项基本制度，要长期稳定，并不断完

善”，提出“在原定的耕地承包期到期之后，再延长三十年不变。开垦荒地、营造林地、治沙改土等从事开发性生产的，承包期可以更长”“提倡在承包期内实行‘增人不增地、减人不减地’的办法”。这在政策层面上限制了集体所有权对承包农户的不当干预，为农户的土地经营使用权提供了较充分的保障。文件指出，“在坚持土地集体所有和不改变土地用途的前提下，经发包方同意，允许土地的使用权依法有偿转让”。政府开始允许农户有偿流转承包地，承包地的财产功能、资本功能得到强化。虽然这种流转还受到限制，要“经发包方同意”，且对允许的流转形式语焉不详，“转让”[①] 的具体含义也不清楚，但农户对承包地的权利有所提高，已具备准物权的性质。

3. 明确两轮承包期之间的衔接措施，进一步稳定承包关系。由于第一轮承包期即将到期，1994—1997 年，历年农业和农村工作的意见都强调要落实好延长耕地承包期政策。1997 年中共中央办公厅、国务院办公厅《关于进一步稳定和完善农村土地承包关系的通知》（中办发〔1997〕16 号）对此作出具体规定。文件明确“开展延长土地承包期工作，要使绝大多数农户原有的承包土地继续保持稳定”，“‘小调整’只限于人地矛盾突出的个别农户”，且“不提倡实行‘两田制’”；已经实施“两田制”的地方，“无论是‘口粮田’还是‘责任田’，承包权都必须到户，并明确 30 年不变”，这实质上是将“两田”合并，都按照家庭承包方式进行处理。这一政策进一步稳定了农户的承包经营权。

（五）农户承包经营权物权化，农地“三权分离”体系逐渐建立

1. 明确农户承包经营权的物权属性，逐渐建立农地流转市场。1998 年 10 月 14 日，《中共中央关于农业和农村工作若干重大问题的决定》指出，稳定完善土地承包关系“是党的农村政策的基石，决不能动摇”，“抓紧制定确保农村土地承包关系长期稳定的法律法规，赋

---

① 这里的“转让”与 2002 年出台的《中华人民共和国农村土地承包法》中的“转让”含义不同，前者就是流转的意思，而后者是指“土地承包经营权”在集体经济组织内部的完全流转（流转后，原承包者失去承包地，土地的承包主体变为转入方，承包合同、承包经营权证都要更名）。

予农民长期而有保障的土地使用权"①。这表明中央已决定将家庭承包制由政策上升到法律，用法律形式保护农民的土地使用权。2013年中央1号文件提出，"抓紧研究现有土地承包关系保持稳定并长久不变的具体实现形式，完善相关法律制度"，同时"健全农村土地承包经营权登记制度，强化对农村耕地、林地等各类土地承包经营权的物权保护"。这表明中央已将承包户的土地使用权确定为物权，并将这种权利命名为"土地承包经营权"，农户的地权得到进一步加强。文件同时要求"规范土地流转程序，逐步健全县乡村三级服务网络"，"引导农村土地承包经营权有序流转"②。在保障农户承包经营权、使其物权化的基础上，政府开始通过建立并完善市场体系促进农地合理流动，农户承包地的资本功能得到增强。

2. 严格保护外出务工农民的承包经营权，使承包经营权的身份属性逐渐弱化。2005年中央1号文件指出，"尊重和保障农户拥有承包地和从事农业生产的权利，尊重和保障外出务工农民的土地承包权和经营自主权"，由此拉开地权与村民权或者说地权与户籍分离的改革进程，使土地承包经营权的身份性逐渐弱化。[2]③2008年中央1号文件指出，"各地要切实稳定农村土地承包关系，认真开展延包后续完善工作，确保农村土地承包经营权证到户"，"严格执行土地承包期内不得调整、收回农户承包地的法律规定"。政府开始运用行政和法律手段介入集体所有权与承包经营权的冲突，有意识地保护农户的承包经营权免受集体所有权的干扰，强化了土地承包经营权的独立性和物权性。2009年中央1号文件重申，"抓紧修订、完善相关法律法规和政策，赋予农民更加充分而有保障的土地承包经营权"。2010年中

① 文件中用了"土地使用权"字样，但此权利并非狭义的"土地使用权"，更类似于通过出让方式获得的国有建设用地使用权。

② 需要说明的是，"农村土地承包经营权有序流转"这种表述方式并不贴切，因为农地流转方式中，有些是"土地承包经营权"流转（如互换、转让和继承），有些是"使用权"流转（如出租、转包、入股等）。

③《国务院办公厅关于积极稳妥推进户籍管理制度改革的通知》（国办发〔2011〕9号）规定："现阶段，农民工落户城镇，是否放弃宅基地和承包的耕地、林地、草地，必须完全尊重农民本人的意愿，不得强制或变相强制收回。"这一规定更加明确了土地承包经营权身份性的弱化及财产权性和流动性的增强。

央1号文件提出要稳定和完善农村基本经营制度，有序推进农村土地管理制度改革。2012年中央1号文件继续提出要稳定和完善农村土地政策。2013年中央1号文件指出，“抓紧研究现有土地承包关系保持稳定并长久不变的具体实现形式，完善相关法律制度”，这表明政府期望将农地承包关系长久稳定法律化，将农户的土地承包经营权由一种有期限的物权变成一种几乎没有期限的物权。

3. 丰富承包经营权权能，探索农地抵押融资办法。2014年中央1号文件提出，“在坚持和完善最严格的耕地保护制度前提下，赋予农民对承包地占有、使用、收益、流转及承包经营权抵押、担保权能。在落实农村土地集体所有权的基础上，稳定农户承包权、放活土地经营权，允许承包土地的经营权向金融机构抵押融资”。文件第一次规定农民的土地承包经营权可以抵押和担保，这使土地承包经营权的身份属性进一步弱化，而资本功能进一步增强。与此同时，政府也在逐渐强化经营权，赋予其持有者以再流转和抵押的权利。

（六）强化承包经营权的财产属性，将承包经营权与集体户籍分开

2015年中央1号文件指出，“现阶段，不得将农民进城落户与退出土地承包经营权、宅基地使用权、集体收益分配权相挂钩”，再一次强调农民的这三种权利在一定阶段内要与户籍分开。文件要求“抓紧修改农村土地承包方面的法律，明确现有土地承包关系保持稳定并长久不变的具体实现形式，界定农村土地集体所有权、农户承包权、土地经营权之间的权利关系”。这意味着政府开始期望用法律手段规范集体、承包户、耕种者的产权，使农地各项权能的边界更加清晰，集体、承包户、耕种者的关系更加和谐，以促进农地各种权能的合理配置和运用。2016年中央1号文件指出，要深化农村集体产权制度改革，“到2020年基本完成土地等农村集体资源性资产确权登记颁证”，“落实集体所有权，稳定农户承包权，放活土地经营权，完善‘三权分置’办法，明确农村土地承包关系长久不变的具体规定”，这表明中央政府希望通过“三权分置”平衡公平与效率的关系。基于公平的需要，农户的土地承包经营权不能通过竞价方式重新配置，但可

从土地承包经营权中析出经营权，使经营权通过市场竞价手段流向善于种田的经营主体手中，推动农地的规模经营，提高土地利用效率。2017 年中央 1 号文件进一步强调完善“三权分置”的方法，期望在“三权分置”下通过多种方式，促进经营权甚至承包经营权流转，以实现土地的规模经营。

二、改革开放以来我国农地产权制度的演变特征

（一）农地产权制度演变顺应了宏观环境的变化

改革开放初期，农产品严重短缺，急需提高农民的生产积极性，提高耕地产出效率。于是政府开始推行联产承包责任制，将土地包产到组、到户，同时放宽对农产品市场的管制。随着包产到户效果逐步显现及改革逐渐深入，“大包干”政策最终确立，实现了土地所有权与经营使用权的分离。此阶段乡村非农产业不发达，城乡二元体制又限制了农民进城，农户的就业和生计维持只能依靠土地，所以政府采取按人头均分土地且限制流转的政策措施。20 世纪 80 年代末，乡镇企业开始发展，农民非农就业机会增加，许多农民开始在非农产业就业，农地与劳动力之间需要重新配置。为顺应这一局面，政府逐渐放松了对农地流转的限制，开始允许村民通过集体调整承包地，进而允许农户自发流转。随着非农产业的发展，经营农地的收入在农户总收入中所占比重逐渐降低，新增劳动人口的就业也越来越依靠农地以外的领域，农地的就业功能、保障功能进一步降低，而资本功能逐渐增强。于是政府出台了延包政策，并限制承包地的频繁调整，不断强化农户的承包经营权。进入 21 世纪，农业经营收入占农户总收入的比重进一步下降，农业成为一些农户的副业，农地低效利用现象增加。在这一背景下，政府出台了《中华人民共和国农村土地承包法》（以下简称《农村土地承包法》）、《农村土地承包经营权流转管理办法》和《中华人民共和国物权法》（以下简称《物权法》）等法律法规，逐渐明确承包经营权的物权属性并不断活化经营权，促进农地流向新型农业经营主体，以实现耕地的适度规模经营，以“三权分置”为主要特征的农地产权体系得以确立。可见，农地产权政策的变化主要受到

宏观社会经济环境的影响。随着市场经济体制的确立和国民经济产业结构的升级，农地资本属性越来越强，通过竞争手段配置农地的产权政策特征越来越明显。

（二）国家和集体不断放权，农户承包经营权不断强化

1. 国家对农地生产经营的干预逐渐减弱。首先，国家对农业生产组织形式的管控逐渐放松。1980 年 9 月，提出允许探索各种生产责任制，1984 年彻底放开对农地包干到户的限制。另外，农业经营自主权逐渐下放。从 1983 年“允许多渠道经营”到 1985 年“任何单位都不得再向农民下达指令性生产计划”，政府将生产经营自主权逐渐还给集体和农户。

2. 集体的农地权利逐渐下放。改革开放后，绝大部分集体土地迅速被分配到农户手中，集体逐渐由实体经济组织变为社区性组织，经济职能逐渐弱化。在分地初期，集体还保留着调整土地、制定生产计划、征收“三提五统”等权利，随着承包关系长久不变、严禁承包期内收回农户承包地、“增人不增地、减人不减地”等政策的出台，很多集体几乎丧失了在农地方面的任何财产性权利，只保留发包、流转、制止土地违规使用方面的权利，但这些权利实际上并不属于产权，而是行政管辖权。

3. 农户承包经营权不断得到强化。1984 年国家开始强调“稳定和完善联产承包责任制”，提出“土地承包期一般应在十五年以上”。1993 年又规定“在原定的耕地承包期到期之后，再延长三十年不变”，并提倡承包期内“增人不增地、减人不减地”。2003 年提出强化对“土地承包经营权的物权保护”。2015 年后，又鼓励各地探索农地经营权抵押贷款和融资担保办法。这些改革措施逐渐强化了承包户的地权。经过渐次的改革，农地产权结构由倒三角形变成哑铃形。变化前的农地产权结构是政府确定土地生产组织形式、决定土地生产计划，集体负责组织生产并进行内部的成果分配，农户只负责完成生产任务并据此分得收益；变化后的地权结构是政府掌控农地产权体系的总体安排，集体被动接受和执行国家的相关政策，农户几乎获得完整的土地物权。

（三）地权的身份属性弱化，财产属性逐渐增强

1. 承包期不断延长导致新增人口虽有户籍但难以分到土地。1993 年，国家提出第一轮承包期到期后再延包 30 年，2017 年又提出第二轮承包期到期后再延包 30 年，且不断强调承包期内“增人不增地、减人不减地”。这就使承包期内故去的、迁户进城的、搬迁到其他乡村的成员依然持有承包地，而新增人口（如婚嫁嫁入、新生等）却不能分到土地。从个体角度看，社员成员权已与地权分离①。

2. 迁出户口家庭不退地导致地权与户籍逐渐分开。2005 年中央 1 号文件指出，“尊重和保障外出务工农民的土地承包权和经营自主权”。2015 年中央 1 号文件指出，“现阶段，不得将农民进城落户与退出土地承包经营权、宅基地使用权、集体收益分配权相挂钩”。这一规定导致户口全部迁出的家庭可继续持有其土地承包经营权。为让迁出户口的家庭放心，政府还为农户（包括已迁户进城的农户）发放承包经营权证，从而使承包经营权与户籍分割开来，成为一种独立的财产权。

三、改革开放以来我国农地产权制度的演变趋势

（一）农地产权将不断细化和明晰

产权不断细化和明晰可使更多主体参与土地市场交易和分配，从而提高土地配置效率，实现产权的各种功能和价值。产权细化依靠市场交易会自然发生[3]，但各种权利的明晰化则需政策法规的介入。当前正在进行的“三权分置”改革实际是政府顺应市场需要而主动干预产权设置的一种手段，目的是使分化后的产权边界更清晰、各种产权更有保障。当然，由政府通过政策甚至法规创设的产权，可能存在市场适应性不强的问题[4]；同时，政府创设产权或分化产权，

① 依据《农村土地承包法》的规定，户内的新增人口并非没有承包地，只是按照“增人不增地、减人不减地”原则，该户承包地并不因人口增加而增加，新增人口只能与户内其他人口共同分享该户原有的承包地，但迁出户口的成员依然作为共有权人享有该户承包地的相关权益。

很可能引发相关权利主体间利益不均衡问题[5]。例如，从目前中央政府的初衷看，似乎要赋予经营权以自由流转和抵押的权能（可理解为经营权的物权化）。而一旦赋予经营者这两项权能，则承包经营权（中央现在称之为“承包权”）必然会被削弱。土地承包者与经营者之间的关系很难平衡。也正因如此，许多法学家认为，经营权物权化难以在法律上表达。[6]因此，在农地产权不断细化和明晰的背景下，兼顾政策的制定与落实，努力提高土地配置效率是未来农地产权制度发展的重要内容。

（二）强化农地实际经营者的权利

要明晰土地产权，必须对各项权能进行详细界定，并科学确定资源性资产产权的初始配置。因此，将资源界定给最善于利用它的人或组织是最佳选择。在农户主要依靠种地为生的阶段，农户是耕地的最佳利用主体，所以国家采取“两权分置”政策，通过政策和法律手段不断强化农户的产权，如规定第一轮承包到期后延包30年、严格限制集体调整承包地等。随着农村人口流动性增强和农民就业非农化程度的提高，一些承包户不再把主要精力放在农地经营上，他们或者粗放经营土地，或者采取转包、出租等方式转出土地，耕地的真正利用者主要是仅持有经营权的主体。因此，为提高农地的利用效率，未来政府将不断强化耕地实际经营者的地权，即强化农地的经营权。

（三）集体的组织模式将不断创新

国家通过延长承包期、明确承包经营权的物权属性等，逐渐确立了承包农户在农地产权主体中的核心地位，而作为所有者的集体逐渐被虚化。这导致集体的属性模糊不清。它既不像经济组织，也不像自治组织或政府机关。现实的问题是，承包户众多，各户拥有的承包地较少，农户通过协作建设农田水利等公共设施非常困难，仍然需要集体组织发挥作用。在这种情况下，创新并激活集体组织，使其充分发挥作用，成为一种客观需要。我国正在进行集体经营性资产的股权制度改革，通过将村民和社员分开来实现政经分离。村民委员会（以下简称“村委会”）变为村庄行政性组织，主管村民的社会事务；拥有集体收益分配权的社员则组成股份合作经济组织，运营村集体经营性资产并获取收益。除极个别地方外，多数地方都没有将土地这种资源性资产纳入其中，没能完全实现政经分离。随着改革的深入，拥有土地承包经营权的农户组成土地股份合作经济组织并作为集体土地所有者，或由股改中新成立的村股份合作经济组织作为集体土地所有者，可能是一种合理选择。

（四）农地产权制度改革将由“帕累托改进”向“卡尔多改进”转变

政府在农地改革方面面临的困难越来越大。改革初期，政府遵从农民的意愿将农地产权逐渐还给农户，改革的方向很明确、阻力很小，比较容易成功。但当前农民已严重分化，农民群体已很难发出相同的土地改革诉求，很难找出共赢的改革方向，“帕累托改进”式改革[①]已基本没有空间。在这种情况下，土地改革只能由行政力量推动，政府逐渐成为改革的倡导者和推动者。由于改革很难顾全所有类型农民的利益诉求，所以政府必须借助补偿、补贴或社会保障制度的调整，进行“卡尔多改进”式改革[②]。

第二节　农地产权的分化及其影响

土地集体所有、集体经营导致的农业生产低效率促使农地使用制度改革，从包产包干到组、到户的生产责任制，到“交够国家的，留足集体的，剩下都是自己的”“大包干”制度，激发了农户的生产积极性，提高了农户的生产经营自主性。但耕地资源有限，农业劳动力就业不充分，不得不寻找农业以外的就业途径。于是，赋予农民对承包地的适当处置权、允许农民依据市场原则流转承包地就成为一种必然，进而导致农地产权分化越来越细、地权体系越来越复杂。

① “帕累托改进”式改革，指一定会给某个群体带来好处，同时不伤害其他任何群体。

② “卡尔多改进”式改革，指可以用总的改革收益，补偿一部分可能在改革中受损的群体。

一、"两权分离"的产生及其演变

集体化劳动中存在"搭便车"现象，且集体的规模越大，这种现象越严重。在1956年以后的合作化运动快速推进过程中，农业生产效率不断降低，终致"三年困难时期"[①]出现。于是，国家及时做出调整，将经济核算单位不断下移，由"一大二公"的人民公社变成"生产大队"，进而变为以自然村为基础的"生产小队"，且允许社员农户保留部分自留地。但社员在自留地上的劳动热情仍然高于在生产小队公田上集体劳动的热情，于是一些地方开始搞包产到组，甚至包产到户。由此产生了农地所有权和使用权的分离，即所有权归集体、使用权归农户的"两权分离"，并将这种制度叫作"家庭联产承包责任制"。

家庭联产承包责任制实施初期，农业经营（农户自留地上的经营活动除外）仍属于集体经济范畴。从概念上讲，"责任制"属于经济组织内部的一种管理制度，是明晰组织内部具体部门、具体人员的工作范围、应负责任和相应权利的制度。各部门和人员的相关权利只在组织内部得到承认，不能作为独立产权在市场上流通。所以，从理论上讲，家庭联产承包责任制下的农地经营主体仍然是集体，只是为了避免生产中社员干活大帮哄、出工不出力的现象，集体与其成员签订承包合同以明确成员的责权利并据以奖惩。这种"包"是组织内部的一种激励机制，承包合同是组织内的一种管理文件，不能得到社会认可。

随着社会经济的发展，打着"家庭联产承包责任制"旗号的农村土地经营制度不断向农户经营制转变。该制度实施初期，集体只是将某些生产作业活动承包到组（或户），约定产量、成本和相应的奖惩措施。这时的"家庭联产承包责任制"名实基本相符。不久之后，这种经营方式便被"大包干"所替代。集体开始将土地分给组织内的农

---

① 指中国大陆地区1959—1961年由于"大跃进"运动和牺牲农业发展工业的政策所导致的全国性粮食短缺和饥荒。20世纪80年代以前多称之为"三年自然灾害"，后改称为"三年困难时期"。海外一些学者称之为"三年大饥荒"。

户，由农户自主经营。除了缴纳公粮和农业税、向集体交付“三提五统”，农户多劳多得。农地收益分配方式变成了俗称的“交够国家的，留足集体的，剩下都是自己的”的“大包干”模式。“大包干”以后，农地承包不再与农作物产量挂钩，根本谈不上“联产”。2006 年，“三提五统”取消，集体和农户之间基于承包地的利益分配几乎没有了。此时的土地经营方式不应再被称为“责任制”，甚至也算不上“承包制”，合理的叫法应是“家庭经营制”。但因为“承包制”能够昭示土地的集体所有性质，能维持集体经济的外貌，所以这一称谓被保留下来。1998 年党的十五届三中全会文件、1999 年《中华人民共和国宪法修正案》将“家庭联产承包责任制”改称为“家庭承包经营”。可见，随着家庭联产承包责任制的深化，农民持有的农地产权权能越来越大，集体的农地产权权能越来越弱化，“两权分离”的程度逐渐加深。

二、农地“三权分离”的产生

随着农地家庭经营成效的不断凸显，党和政府逐渐认识到农地家庭经营的好处，于 1982 年中央 1 号文件提出土地承包制度“长期不变”，2002 年通过了专门的《土地承包法》予以规范，对土地承包方式、方法进行了具体规定，使承包这种组织内部的事务变成了民事主体间的法律事务，土地承包经营权这一组织内部设置的权利逐渐上升为一种对世权，被社会各界所承认。与此同时，农业劳动生产率的提高和工商业经济的发展，不断促使农民离开农地、离开农村，到城镇的非农产业中寻找谋生乃至致富的机会。于是，外出农民的承包地就需要重新配置。在市场经济体制下，即使是集体所有的各户承包地，也不能再靠行政计划的方式进行调整，允许承包地市场化流转就成为一种必然，赋予承包农户充分的、有保障的、可以在法律允许的范围内自由流转的农地产权成为共识。

2007 年，《物权法》明确将土地承包经营权定性为“用益物权”，使土地承包经营权从所有权中彻底分离出来，成为集占有、使用、收益和部分处分权为一体的、排他性的一个权利束。2013 年政府开始为土地承包经营权的获得者发放《农村土地承包经营权证》以确认和保护农民的土地承包经营权，同时承包经营权的变更登记和查询制度也逐渐完善，土地承包经营权的财产性、可流动性更强了。在这种情况下，农地“三权分离”政策框架基本形成：土地所有权归乡村集体所有，土地承包经营权主要归承包农户所有，土地经营使用权归实际经营者所有。

在所有权、承包经营权、经营使用权构成的农地产权体系中，所有权是根基，以家庭承包方式获得的土地承包经营权及其衍生出来的其他产权是主干，以其他方式获得的承包经营权及其衍生出来的产权是侧枝。作为主干的农地产权体系的衍生路径是：在保留所有权的情况下，集体通过家庭承包方式将大部分土地分包给各家各户，获得了土地的农户可以自行经营农地，还可以在保留承包经营权的情况下，将承包地出租出去，租地方由此获得土地经营使用权。作为侧枝的农地产权体系的衍生路径是：集体将“四荒”等土地以竞价方式长期承包给农户或企业，竞买方通过支付价款并办理产权证获得承包经营权，然后农户或企业自行经营使用“四荒”地，或者将经营使用权再转让出去。

随着经营规模的扩大，一些租地者还产生了以土地融通资金的需求，但农地的抵押始终面临着法律困境。虽然我国《土地管理法》和《农村土地承包法》等土地管理方面的法律法规都没有明文规定农村土地不能抵押，但《中华人民共和国担保法》明确规定“耕地、宅基地、自留地、自留山等集体所有的土地使用权”不得抵押。可见，从法律总体规定看，家庭承包地还不能抵押。但用物权抵押贷款符合经济法的基本理念，也与市场经济要求一致，因此，中央不断以试点的方式突破农地抵押的限制①。此外，中国农业银行出台了《中国农业银行农村土地承包经营权抵押贷款管理办法（试行）》；2019 年新修订的《土地管理法》允许农地抵押担保；2020 年颁布的《中华人民共和国民法典》（以下简称《民法典》）

---

① 2015 年《国务院关于开展农村承包土地的经营权和农民住房财产权抵押贷款试点的指导意见》（国发〔2015〕45 号）规定，在北京市大兴区等 232 个试点县（市、区）、天津市蓟县等 59 个试点县（市、区）开展农村承包土地的经营权抵押贷款试点。

第三百九十九条对此也做了弹性的规定，即“宅基地、自留地、自留山等集体所有土地的使用权”不得抵押，“但是法律规定可以抵押的除外”。在这种情况下，农地产权可能进一步分化，即在农地抵押时，会出现“四权分离”：土地所有权归集体、承包经营权归承包户、经营使用权归租地者、抵押权归金融机构。

三、产权分化的总体评价

虽然农地产权分离的现象越来越普遍，但各项权能间的边界比较模糊。

1. 所有权和承包经营权的界限模糊。通常情况下，集体所有的土地由组织内的农户长期甚至永久地无偿使用，集体无法获得任何经济收益。但当土地被征收时，集体却能以所有者的身份获得补偿。按照当前征地补偿制度规定，土地补偿款要在集体和承包户间分配①，分配比例一般为 3∶7 或者 2∶8。更为复杂的是，这种分配比例是根据当前的制度安排计算出来的。在年利率为 4.0％～5.5％的情况下，农户 30 年土地承包经营权的价值相当于土地总价值（永久期价值）的 70％～80％。所以，在分配土地补偿款时，承包户得 70％～80％，集体得 20％～30％。这种测算方式的成立至少有两个前提：一是被征地时，农户还有 30 年的承包经营权；二是 30 年后，集体组织要重新发包。目前来看，这两个制度假定已不现实。所以，应深入探究承包经营权不断强化的情况下，集体土地所有权的性质及其实现途径[7]，以划清所有权与承包经营权的界限。

2. “承包经营权”和“经营使用权”的边界不清晰。这两种权利划分的关键是“经营权”中是否含有处置权，比如，租地方是否有权利将租入的土地再流转出去或者抵押出去。当前许多农民甚至基层干部认为租地方可以再流转土地，这并不符合相关规定。在当前农地抵

---

① 2004 年 10 月 21 日，《国务院关于深化改革严格土地管理的决定》（国发〔2004〕28 号）明确规定：“省、自治区、直辖市人民政府应当根据土地补偿费主要用于被征地农户的原则，制订土地补偿费在农村集体经济组织内部的分配办法。”

押贷款的改革试点中，作为抵押的究竟是土地承包经营权还是经营使用权，一直争论不休。绝大多数政府文件中使用“土地承包经营权抵押”字样，如2014年中央1号文件第17条提出要“赋予农民……承包经营权抵押、担保权能”。但2015年《国务院关于开展农村承包土地的经营权和农民住房财产权抵押贷款试点的指导意见》（国发〔2015〕45号）中却明确指明是“经营权”抵押。从理论上讲，能用来抵押的必须是有处置权的权利束，若土地经营使用权中不包含处置权，就不能用来抵押，那么作为抵押的只能是“土地承包经营权”。可见，应当通过法律明确规定农地经营使用权中是否包含处置权，这样才能厘清承包经营权和经营使用权的权利边界。

从“两权分离”到“三权分离”，是我国政府为了适应社会经济发展的需要而进行的制度调整。前者是为了解决农业生产的效率问题，着重点是公平，即一人一份田；后者是为了解决农地经营的效益问题，着重点是效率，即能者经营田。“两权分离”本身就是一种产权制度安排，而“三权分离”则是产权制度安排和市场主体自由选择、共同作用的结果。农地产权从“两权分离”走向“三权分离”，标志着我国农业发展已经超越了保障农民生存的阶段，逐渐向提质增效阶段迈进，农地经营效益将会越来越高。

第三节　强化农地承包经营权政策评析

从“两权分离”走向“三权分离”的标志是承包农户拥有了部分处分承包地的权利——承包户可以有偿出租、入股承包地的经营权。从允许包干到户到逐渐稳定承包关系、允许农户有偿流转农地，强调承包期内不得随便调整或收回承包地，并为承包户颁发土地承包经营权证等一系列措施，使得承包户的承包经营权不断被强化。

一、农地承包经营权不断被强化的缘由

（一）权衡政治与经济需要的结果

农地承包经营权的诞生过程非常曲折。20世纪40年代末50年

代初，我国通过土地改革运动实现了农民土地所有制。但不久之后，基于工业化建设的需要，国家开始推动农业集体化进程，将农地等主要生产资料逐渐收归高级社集体所有，进而升级为人民公社集体所有。这一变革使农村陷入了空前的混乱和危机，国家不得不进行政策调整，开始实行“三级所有、队为基础”的地权制度。这种调整虽然在一定程度上缓解了农村的矛盾，但农民生产积极性仍然不高，农村经济仍缺乏活力。党的十一届三中全会后，政府开始顺应农民的诉求，推动农地产权制度改革。

然而，改革开放后的土地制度已经不可能再恢复到新中国成立初的小农所有制，制度变迁的路径依赖以及当时生产领域“左”的错误，使农村土地集体所有制得以保留。在这一背景下，国务院农村发展研究中心创造性地提出了“家庭联产承包责任制”这一独特的农地经营管理体制，将土地所有制度和土地经营制度分离开来，通过“两权分离”既解决了集体所有集体经营所无法避免的低效率问题，又通过农业的家庭经营激活了农业生产最重要的要素——人的积极性。

家庭联产承包责任制实施初期，农地经营仍属于集体经济范畴。从概念上讲，“责任制”属于经济组织内部的一种管理制度，它是界定组织内部的具体部门、具体人员的工作范围、应负责任及相应权利的制度。各部门、人员的相关权利只在组织内部得到承认，不能作为一种独立产权在市场上流通。从本义来讲，家庭联产承包责任制是为了避免生产中社员干活大帮哄、出工不出力的情况，集体经济组织（发包方）通过与其成员（以户为单位）签订承包合同，来明确农户的责权利，从而奖勤罚懒，提高集体经济效率。这种“包”是组织内部的一种激励机制，因此，承包合同只是一种内部管理文件，不属于民事合同，不能得到社会的认可。

农村集体组织内部的这种承包关系逐渐受到组织外部的干预。1982 年中央 1 号文件明确家庭联产承包责任制“长期不变”。1984 年《中共中央关于一九八四年农村工作的通知》明确规定：“土地承包期一般应在十五年以上。”1998 年 8 月 29 日通过的《土地管理法》规定：“农民集体所有的土地由本集体经济组织的成员承包经营”，“土地承包经营期限为三十年”，还明确提出“土地承包经营权”概念，并指出土地承包经营权受法律保护。2002 年 8 月 29 日通过的《农村土地承包法》更是对农村土地承包经营权进行了详细的规定，对发包土地的范围、发包对象、发包期限、发包方式进行严格限制，并对承包经营权的保护和流转进行了规范。在行政和立法力量的干预下，承包由组织内部的经营管理方式变成了一种超越组织范围的独特经营管理制度，土地承包经营权由组织内部设置的权利（对内权）逐渐上升为一种对世权，并成为一种可以流转的权利。2007 年 3 月 16 日颁布的《物权法》首次将土地承包经营权定性为“用益物权”，这意味着土地承包经营权已经成为一种“准所有权”，它可以脱离承包合同而独立存在，并由政府通过颁发土地承包经营权证给予证明和保护。2021 年出台的《民法典》也做了同样的规定。在这一系列的变革中，农户的土地承包经营权不断被强化，土地承包经营权制度正式诞生。

（二）强化农地承包经营权的直接缘由

1. 解决“谁来种地”问题。家庭联产承包制度不仅使农村经济迅速得到恢复和发展，使农民温饱问题基本得到解决，还带来了另一个更重要的影响，即解放了农村劳动力。分田到户后，一部分敢想敢干的农民开始了自己“涉农”或“非农”的创业，另一部分农户由于家庭内部人地比例严重失调不得不开始寻求农业以外的活计。20 世纪 90 年代初开始，乡镇企业迅速发展起来，青年农民纷纷通过“离土不离乡”的方式到乡镇企业打工。城市工商业的发展也逐渐吸纳了一些农民自理口粮到城市打工，渐渐形成了“离土又离乡”农民工的打工潮，许多农民工季节性地游走在城乡之间。

随着农民非农化进程的不断加快，非农产业逐渐成为大多数农户的主要收入来源，农业逐渐沦为农户的副业。农民对于耕种的热情逐渐减退，少数农民季节性撂荒耕地，甚至让土地常年荒芜。这种现象发生在耕地资源本就非常稀少、粮食安全压力始终存在的中国，显得极不相宜，“谁来种地”逐渐成为专家学者和政府关注的问题。学者们根据科斯定理，提出了明晰农地产权、促进农地流转、通过土地市场拉高土地的边际生产力从而提高土地总产出的政策框架。这一政策建议逐渐被中央政府认可，由此开始了新一轮的土地产权制度变革。

由于农地已经分散在农户手中，所以农地只能由农户来流转。而联产承包责任制下农户经营土地的权利只是一个凭借内部合同所认定的权利，并不被市场认可。要想让农户能在市场上公开流转土地，必须强化其地权，即使农户的承包经营权变成相对独立的物权。土地承包经营权物权化后，土地的"三权"分离成为可能，即农村土地所有权归集体，承包经营权归承包户，经营使用权归其实际使用者。这种产权制度安排在保留承包经营权的基础上，赋予了承包户流转土地使用权的权利，从而解决了农地流转的产权制度障碍。从理论上讲，这种改革将促使低效利用甚至闲置的农地流转到高效利用者手中，从而有利于解决"谁来种地"问题。

2. 去除外出农民市民化的牵绊。当前许多农民早已变成了工人、商人，他们大多已经离开了土地，甚至已经在城市安家置业，但多数农民却并不愿意将户口从乡村集体迁入城镇，"半拉子"城市化现象普遍存在。造成这种现象的原因是农户宅基地、农户的承包地、集体组织的收益分红等集体资产的使用和收益分配都与户口挂钩，一旦农户将户口迁出，这些"福利"就将消失。而城市的社会保障体系逐渐与户籍脱离，进城人员只要取得居住证就可以加入城市社会保障体系。所以，进城农民没有迁出户口的动力。为了促使外出农民尽快把户口迁移出来，变成完全的市民，政府开始推动将农民在农村的一些权利与户籍脱钩的制度改革。

国务院办公厅于2011年发出《关于积极稳妥推进户籍管理制度改革的通知》(国办发〔2011〕9号)，明确"农民的宅基地使用权和土地承包经营权受法律保护"。通知指出，现阶段，农民工落户城镇，是否放弃宅基地和耕地、林地、草地等承包地，必须完全尊重农民本人的意愿，不得强制或变相强制收回。此外，政府开始直接为农户办理宅基地使用证（该证件的常用名称是"集体建设用地使用权证"）、房屋所有权证、土地承包经营权证。2013年中央1号文件明确要求五年内完成农村土地的确权颁证工作。同时，中央开始支持各地搞农村集体组织经营性资产的股权化改革，即将集体经营性建设用地、集体经营性资产（如厂房等）的所有权分配给集体组织成员，由村民持有相应的股权。从而将村民对原集体资产的收益分配权与集体户口割离开来，农民转为市民后，依然可以分得原集体经济组织的资产收益。将农民的这些权利与农村户籍割离开来，无疑有利于促使农民工将户口从村集体转出，迁入城市，从而真正实现进城农民工的城市化。

3. 预防乡村“小官巨腐”。农村土地资产的主要所有者——“集体”被认为含义模糊。许多专家学者认为，集体概念的模糊使“集体所有、集体经济”异化为“集体领导所有、干部经济”，为乡村干部的贪腐提供了便利条件，导致“小官巨腐”现象的出现。所以，明晰“集体”的含义、赋权于民成为农村改革的必然趋势。2014 年 9 月 29 日，习近平总书记在中央全面深化改革领导小组第五次会议上指出，要积极发展农民股份合作，赋予集体资产股份权能，赋予农民更多财产权利。

农村集体资产主要包括资源性资产和经营性资产。对于资源性资产，比如农地和水面，政府通过确权发证方式，确地到户（个别地方采取确权确股不确地的方式确权到户）；对于经营性资产，比如门面房、厂房、企业等，政府通过确股到人的方式明晰其产权，强化对农民权益的保护。

二、强化农地承包经营权的深层背景

强化农地承包经营权，实际是政府为了顺应农村人口迅速分化和不断迁移的乡村社会管理需要而进行的配套改革，是为了适应成员不断外流情况下集体经济运行机制的适应性调整而采取的措施。

我国农村占主导地位的生产资料所有制形式是集体所有制。关于“集体”的性质主要有两种说法：一种是“无差异所有者”群体（如中国的行政村集体和村民小组集体），一种是“有差异所有者”群体（如股份制企业）。而在这两种集体之间，还有一些更模糊的集体概念，如合作组织集体、股份合作组织集体等。在经济领域，从“集体”概念的演化和中国当前对“集体”（一般与“农村”或“农民”结合成“农村集体”或“农民集体”）这一概念的实际运用情况来看，它是指前者。集体经济的最初形态是斯大林时期的集体农庄，其特点为生产资料、产品都归集体共有并由集体统一分配（农庄的土地归国有，但农庄有永久使用权）。[8]中国的集体化运动也照搬了这种模式。这种集体组织的成员是“模糊”的，即集体成员边界具有不确定性①。新出生或迁入的人口自动成为集体组织的成员，自动拥有集体的资产，故去的或迁出的人员自动丧失成员应当享有的资产。正因为集体的成员是依据成员权（户籍权）确定，而不是通过付费（如购买会员卡、交付会费等）或交付等额财产（如购买股票等）进入，集体所有被看作社会主义公有制的组织形式之一。

而农村集体实际首先是一种社会组织，是农村社区性合作组织，负责协调和管理村庄内部事务，甚至还接受政府的委托从事一些行政管理事务，如土地资源的保护与管理、社会治安的维护、计划生育事务管理等。同时，也是一个经济组织，有自己的经营性资产和资本运营。

在20世纪八九十年代的农村，集体组织的成员基本上是固定的，集体成员长期居住生活在一起，从事着生产经营活动。除了生老嫁娶或考学招工，集体成员很少发生变化。成员相互之间也没有太大的差别，很少有人完全脱离集体生活。乡村事务的办理、村内道路等基础设施的建设、农田的耕作等，由全体成员（以户为单位）共同参与，以集体或分户的方式进行。这一时期依靠户籍来界定这种集经济和社会管理为一体的集体组织的成员资格是可行的。

然而，随着人口流动性的增强，农村集体成员四散而走、剧烈分化，许多村民洗脚上田，甚至进入城市。但集体成员的法定权利（土地承包权、宅基地使用权、集体收益分配权等）使这些游离出来的农民不愿意彻底离开集体。因此，一些流入城镇的农民，甚至已经在城市工作多年、早已在城市安营扎寨的农民，仍然持有农村集体组织的户口。这些游离出乡村的人口依然有权凭借集体组织成员的身份参与

① 实际是变化性，且这种变化并非基于经济行为和经济条件，而是基于人口管理制度。

乡村社会生活（如村干部选举、村民大会表决等）。这种现象强化了农村集体组织的存在并固化了其成员身份，与乡村人口不断城市化的大趋势相矛盾。

为了解决这种“半拉子”城市化问题，我国政府决定让 1 亿农民工在 2020 年以前把户口迁移出来，变为城镇人口，成为完整的市民。为了消除农民工对失去集体土地和集体资产收益的顾虑，发起了保障农民“三权”的改革，即保障农民（无论是否已转移出来）的土地承包经营权、宅基地使用权和集体资产收益分配权。对于耕地，政府通过发放土地承包经营权证，明确为家庭所有[①]；对于宅基地，政府通过发放宅基地使用证（集体建设用地使用证）和房屋所有权证来进行保护；对于集体经营性资产，政府通过主导集体进行股份化改造，明确各户的持股份额。确权确股后，股权即被个体居民持有，这些人无论走到何处，都可以凭借持有的产权证或股权证来获取收益或者进行有偿转让，即使故去，也可以将股权留给子孙。而村庄中的新生儿、婚嫁嫁入的人员或移民迁入者却无法通过无偿再分配方式得到集体的地权或股权。

这种改革促使农村集体组织发生解体和重组，实现了“政企分开”。集体的资产逐渐以股权化方式和强化承包经营权方式落实到具体的家庭甚至个人头上，由他们组成股份合作经济组织，不论这些人户籍怎样变动，都不影响该经济组织的存在。而乡村社区则由具有集体户口的当地农户组成的社区性组织进行管理。新组建的股份合作经济组织成员与乡村社区组织成员逐渐分割开来。即改革将原农村集体分化为两种集体：一种是“无差异所有者”组成的集体，即新的农村社区集体；另一种是“有差异所有者”组成的集体，即新的股份合作经济组织。这两种集体在不同的轨道上运行，并将越离越远。

若按政策出台时所预期的趋势发展，户口迁入城市的农民数量会增加，农村社区成员会逐渐减少，农村社区组织的运行及管理方式也

① 严格来讲，明确的不是所有权，而是承包经营权，但承包经营权是一项实打实的权利，所以学者们习惯于称其为“准所有权”。

需要进行相应调整。实际上一些地区已经在进行相关的探索。如安徽省当涂县就对村干部管理体制进行了改革：一是让居村干部职业化，享受与公务员相当的待遇水平，由财政负担其工资；二是实行全乡全县范围内的村干部公推公选和流动任职制度，打通村干部的晋升渠道；三是实行脱产化、专业化的工作模式，实行值班制度。这种管理体制实际是照搬城市的社区干部管理体制。在这种情况下，农村社区组织发生异化，不再是一种单纯的地方自治性组织，而变为政府管理下的社区组织。

三、强化农地承包经营权政策带来的负面影响

（一）农村集体经济组织可能被削弱

通过强化农地承包经营权和对集体经营性资产的股权化改造，原集体组织分化为经济组织和社区组织，使村落资产和村庄人口完全分离开来，这无疑有利于让农民流动出来，实现乡村人口城市化，但却同乡村自身的发展、村落社会的稳定、农村集体公益公共设施建设存在一定的矛盾。

首先，流出村庄的人依然是当地股份经济组织成员，享有集体资产，而生活在乡村的农民（如新出生人口、新嫁入人口等）却不一定是股份经济组织的成员。这会让接受了集体公有制思想教育的留守村民有不公平感和被剥夺感。目前，乡村土地集体所有的观念已深入人心，新增人口自动享有农村集体土地和收益分配权，故去者自动失去农村集体土地和收益的分配权是被绝大多数农民认可的集体资产处理方式。[9]政府对离乡农民的“三权”进行行政和司法保护的政策，与农民对集体的这种认识有明显的冲突。

其次，集体组织分化为经济组织和社区组织后，农村事务的管理和运行会更加困难。集体组织分化后，既无法按传统的乡村治理模式让社区稳定运行，也无法完全按照理想的股份合作方式经营好乡村经营性资产。股份合作组织的股东均由原来的村民转化而来，这些村民已经高度分化，且分化还在继续，这就导致股份合作组织的成员严重分化。这种股权高度分散、成员高度分化的股份合作组织很难高效运

营。在股权过度分散化、平均化的情况下，成员缺乏参与组织管理的动力和能力，股份合作组织在治理模式上，仍然等同于原来的集体经济组织，因此难以消除腐败问题。与此同时，将集体经营性和资源性资产从集体剥离后，村委会成为纯粹的社区管理者。由于村级没有独立的财政，也无常规的收入来源，村社组织难以进行公益和公共设施的建设。在农户规模过小、农民严重分化、村民利益诉求越来越多元化的情况下，社区居民通过集资方式来建设公益公共设施基本不具有可行性。看似民主、公正的“一事一议”制度在许多情况下变成了“一事不做”的制度就充分证明了这一点。虽然中央开始通过项目下乡方式为农村提供公共基础设施建设，但政府项目的不稳定性、覆盖面的有限性、确定扶持对象的非科学性和项目资金运用的低效性等问题制约着其作用的发挥。

现在，国家强调赋权给农民（实际是将财产权利归还给符合一定标准的农民），必然会弱化集体的权利和作用，最终导致小农生产生活中所必需的公共产品难以被提供，造成村中道路坏了没人问、村中垃圾乱堆没人管、机井坏了没人修、农田林网砍了没人造的现象。长此以往，将导致农村留守村民的生产生活面临越来越多的困难，而持有“三权”的进城农民却可以稳定地获得相关收益。这显然是不合适的。

强化土地承包经营权更多的是政府基于人口城市化的需要而作出的决策，对这种政策的实施可能给乡村带来的冲击考虑得不够周全。很难保证这种政策的实施不会影响到城乡的统筹发展，它甚至可能会使乡村治理和发展陷入更严重的困境之中。中国国土面积很大，各地的自然条件和社会经济条件差异极大，政策的实施不应“一刀切”。最好的办法是充分考虑当地需求，让他们在地区发展和改革决策中发挥主体作用。实际上，农民对于农村集体组织有自己的理解，哪些村民算是集体组织成员、哪些不是，他们有自己的一套区分办法。即使有一些新现象、疑难杂症，无法按照惯习的标准确定，农民也能够运用自己的方式找到解决办法。也就是说，集体资产如何经营管理，哪些人应分得集体土地，哪些人应享有集体收益分配权，是否应“增人增地、减人减地”等应当交给农民去决定。

总之，本属于集体组织内部权利义务关系的土地承包权在立法机关和政府部门的干预下，上升为一种对世权。集体组织的所有权逐渐弱化，政府的行政管理权和农户的承包经营权逐渐强化，所有权、使用权和行政管辖权等各项权能的边界越来越模糊不清。在农地产权体系越来越混乱的情况下，农村的社会经济发展可能会面临更多难以预见的问题和困境。

（二）成员权与财产权之间出现矛盾

任何一个好的政策都必须是逻辑自洽的，否则难以有效实施，更不能发挥好的作用。我国现行的农地承包政策没有一以贯之地按照成员权或者财产权的思路来设计，出现了许多问题。

1. 集体承包中成员权和财产权的矛盾。成员权和财产权的逻辑是不同的。如果坚持成员权的逻辑，则承包期内“增人增地、减人减地”是合理的，至少在各轮承包期结束后，要按照成员的变化情况重新调整土地。但按照财产权的逻辑，承包地就是承包户的一项资产，集体不能根据人口的变化情况进行调整，承包期内“增人不增地、减人不减地”，承包期结束后继续延包的政策就是合理的。当然，即使按照财产权的逻辑，集体也可以对承包地的产权配置进行干预。根据科斯定理，在地权过度分散、土地只能原地利用的现实情况下，单纯依靠市场机制配置土地的交易成本过高，以致不能实现地权的最优配置，所以借助集体或政府的力量改变地权配置是必要的。

我国集体土地的发包是按成员权的逻辑展开的，2019 年修订的《农村土地承包法》第五条规定“农村集体经济组织成员有权依法承包由本集体经济组织发包的农村土地”；第十六条规定“家庭承包的承包方是本集体经济组织的农户”；承包经营权的流转（即转让）也被限定在集体组织内部。但在承包期内和各轮承包接续时，却开始按照财产权逻辑对农户承包经营权进行规制，政府不断强调承包期内不得调地、举家迁户进城的不用退出承包地，承包到期后承包地由原承包户延包。这一政策使得一些村民没有分配到集体的土地，且在第三轮承包期也几乎不可能分得土地，他们的集体成员身份受到侵害①。此外，约10%的不在村农户（包括举家外出但户口仍留在村里和举家迁户进城且不在村里居住两类）仍然持有承包地。[10]

目前中央或一些理论工作者对这一矛盾的解释是：第一，家庭承包是按户进行的，在各户承包地很少、人口又不断变化的情况下，承包地频繁调整有损于效率——不利于农户长期投入[11]，且户内成员虽然有增有减，但每个家庭成员都可以获得承包地的收益——即不存在某人没有承包地的情况。第二，现在我国已不是一个农业国，2018年农业增加值只占GDP的7.3%，而非城镇户籍的人口占56.63%，依靠7.3%的财富根本不可能让56.63%的人致富，所以频繁调整土地对于提高农民收入水平作用很小。[12]第三，我国农村社会保障制度不断完善，现在60岁以上农民每月可以领取的养老费用一般在100元左右，全年的养老金收入已经相当于1.2亩②（按亩年纯收入1 000元计算）承包地，今后这一保障水平还会提高，甚至会高于农民从自家农地上获取的收入，这进一步降低或者说弱化了调地的必要性。[13]第四，农民就业越来越非农化，绝大多数农民家庭的收入结构中农业经营收入不占主体，"无地则反"的情况不会发生。

但不论如何解释，这些做法都违反了成员权原则，也引起了一些问题。首先，它引起了留村村民的反对。农民流出后，虽然村里人口减少了，但持有土地的人没有减少，留村人要扩大耕作规模，就要通过支付租金方式来获得土地。进城落户农民成为"不在村地主"，收取土地租金，实质是城镇对农村财富的汲取。[14]这会进一步削弱自耕农经营体系，逐步使我国农业变为租地型农业。地租成本上升会进一步降低我国农业的竞争力。其次，保留迁户进城农户的地权、保留迁往他乡农户的地权，会导致同一村落的土地承包户千差万别。各户对农地的诉求不同，有的通过种地获取生存所必需的粮食，有的通过耕种获取收益，有的在承包地里栽上树木防止被别家占去，有的租出去谋利，有的干脆撂荒。而需要各方合作的农

① 根据贺雪峰等在湄潭地区的调查，以村为单位测算，约有20%的村民是1980年后出生，没有分到土地（见《中国乡村发现》2012-5-15）。

② 亩为非法定计量单位，15亩=1公顷。编者注。

田水利等基础设施建设难以进行、规模化流转难以开展，若没有强力的政府干预，会导致“怕饿死的饿死”。[15]虽然我国个别地方开展了土地承包经营权有偿退出试点，但从结果来看，现行的退出制度很难大规模推行。各试点地方开展的承包地退出补偿费用基本参照征收补偿安置标准确定（如退出土地年产值的30倍等）[14]，补偿标准过高，集体很难拿出这么多钱来运作；即使拿得出钱来收储承包地，也难以找到愿意以此价格接手的新承包户。当前的有偿退出试点基本依靠财政资金运作，在地方财政资金有限的情况下，根本不可能大面积推开。

可见，在土地发包中，成员权和财产权之间的矛盾难以调和，兼顾成员权原则和财产权原则会带来混乱。

2. 农户内部处理承包地问题时成员权和财产权的矛盾。根据财产权的逻辑，实行“增人不增地、减人不减地”，以及在承包到期后不断延包的情况下，各农户的承包地面积是固定的，但其人均承包地面积是变化的。当家庭人口减少时，人均承包地面积会增加；反之则会减少。在家庭成员变化过程中，很容易产生矛盾。如女儿出嫁后，我国法律规定，当出嫁女在婆家没有分到承包地时，不得收回其承包地，她对娘家的承包地仍然享有权益——如获得承包地被征收时的补偿款。迁出户口的出嫁女已经不是其娘家所在村的集体成员，也不再是其原来所在户的家庭成员，但还保留着承包地，这显然是将农户的承包地当作一种财产来处理①。

迁户进城的子女也存在类似问题。但迁出户口的人员对承包地的财产权并不充分，而是弱于承包户内的其他成员。例如，某农户分地时获得了四个人（父母、哥哥、妹妹）的承包地，共八亩。现在这四个人中，父母已经过世，哥哥和妹妹都结了婚，哥嫂（假设嫂子在娘家没有分到土地）生育了两个小孩，妹妹出嫁迁户并生育一子（但在

① 当然，这只是依据法律规定推测。现实中，由于许多地方执行不力而有所折扣。2010年全国妇联调查显示，在年龄为18～64岁的农村女性中，没有土地的占21%，较10年前增加了11.8%。2018年3月，全国妇联在向全国政协提交的议案中指出，2016—2017年，仅在全国妇联本级收到的妇女权益相关投诉有8 807件次，比前两年增长182%。农村女性土地权益受损现象非常多。

婆家没有分地)。承包地仍由哥嫂种着。现在承包地全部被征，共补偿100万元。按当前的法律，虽然妹妹已经不是本集体组织的成员，但依然可以分得补偿款。这自然是遵循财产权的逻辑。若严格按照财产权规则，妹妹可以分得一半的征地补偿款。但根据原农业部颁布的《农村土地承包经营权调查规程》的规定，该承包户的土地由哥嫂、哥嫂的两个孩子和妹妹五个人共同拥有。所以，妹妹仅能获得1/5的征地补偿款。这种规定显然考虑了集体成员身份的问题。否则，即使考虑他们新增子女的地权问题，那么哥哥和妹妹的新生家庭的新增无地人口都应当算作该承包户的成员，都有权利分得一份补偿款，但实际上现行法律只承认拥有集体成员身份的新增人口——哥哥家的新增人口。可见，在户内承包地权利的处置上，国家并没有严格遵循财产权规则，而是掺入了成员权的考量。这导致农户承包经营权的内部协调更加复杂。当前各地政府甚至法院都根据自己的理解来处理农地承包权纠纷，对相同的案情往往有不同的判决结果。

当前的农地承包政策已经发生了异化。在耕地最初发包时，一个农户就是一个生产经营单位，所以以户为单位分地。但在土地承包期限不断延长的情况下，随着家庭成员的婚丧嫁娶，最初的承包户已经分化为多个家庭，当前的“承包户”已经不再是一个家庭组织，也不是一个生产生活单位，而变成了共同持有土地财富的几个家庭成员组成的联合单位。正因如此，在本轮确权发证中，政府明确要求按照二轮承包时在户的家庭人口（不论其户口是否已经迁出）和当前承包户户主户口上的新增人口来确定土地承包经营权证上的共有人。这无疑增加了承包户内部成员之间发生矛盾的可能。

现在很多农地政策都以个人为成员来安排，比如规定了出嫁女、在读大学生、义务兵在分地时的权利，但在农地承包、土地确权时又以户为单位进行。再比如，“增人不增地、减人不减地”政策实际指向的是个人，即解决的是村集体新增成员或脱离村集体成员的地权问题，但却将解决的责任放到户身上，强调新增成员自动分得其所在承包户的土地权益、成员减少后其土地权益自动由承包户内的其他人员享有。实际等于把村集体成员的土地权益问题甩给了各承包户，这自然会引发农户成员之间的矛盾和冲突。

成员权与财产权的矛盾必须解决。农地承包中，应当遵循成员权逻辑还是财产权逻辑的争论由来已久且没有形成共识[16]，单独遵循哪种逻辑都会引起较大的社会矛盾。从可行性上考虑，目前只能在两者之间寻求中和，建议如下：

第一，利用三轮承包消除不在村的非自营农户。举家迁入外地的、无法自己耕作的承包户，必须在一年内转让其承包地，否则按一定标准（如年产值的10倍，分10年给清）由集体收回，另行发包给村内人均耕地最少的家庭，直到其人均耕地达到全村平均水平后，再分给人均耕地次少的家庭，以此类推。

第二，恢复承包户的户有户营的本意。在二轮承包期结束后，对获得职工医疗养老保险的人员自动从承包户中除名，即取消该类人员作为农户土地承包经营权共有人的资格；对其他迁出户口人员按一定标准支付补偿（如按年产值的10倍计算，分10年给清）。

第三，对其他农户的耕地不再调整，但征地时，对征收后其人均耕地（不含转让获得的土地）仍高于集体平均水平的，不给付土地补偿费。承包户的地力支持保护补贴也仅按家庭人口给付（家庭人口数乘以全村人均耕地面积和亩补贴数），淡化耕地背后的福利，减缓耕地分布不均所引发的不公平问题。

第二章

农地产权制度对农业规模经营的影响

实行家庭承包经营制度后，农地分散在亿万小农手中。随着承包农户地权的不断强化，承包地归小农户私有的属性越来越强，农地规模经营的产权困境越来越凸显。但农村集体所有制的制度安排和农地承包关系的存在，使得通过行政力量推动农地规模经营、推动农地流向政府希望的经营主体成为可能。

第一节　农地的规模流转与行政力量的介入

一、促进农地流转符合行政力量的利益

随着农民流动性的增强和就业渠道的多元化，作为生产要素的农地需要重新配置，2002年8月29日出台的《农村土地承包法》第十条明确规定“国家保护承包方依法、自愿、有偿地进行土地承包经营权流转”，2005年11月，农业部又颁布了《农村土地承包经营权流转管理办法》，使农地流转逐渐合法化。

2008年中央1号文件《中共中央国务院关于切实加强农业基础建设进一步促进农业发展农民增收的若干意见》明确指出：“健全土地承包经营权流转市场。……在有条件的地方培育发展多种形式适度规模经营的市场环境。”2008年党的十七届三中全会通过的《关于推进农村改革发展若干重大问题的决定》进一步提出“有条件的地方可以发展专业大户、家庭农场、农民专业合作社等规模经营主体”。这两个文件被社会理解为中央开始支持和鼓励土地流转。一些地市（县）制定了地方性的农村土地承包经营权流转管理办法或实施细

则，如唐山市、银川市、绵阳市、温州市、郴州市等①。一些地方政府设立了专门的领导和服务机构，推出了农地流转合同样本、农地流转信息网或交易平台，如成都市、郴州市、北京市、嘉兴市、蓬溪县等。一些地区出台了鼓励流转的奖励政策，如北京市平谷区、广东省东莞市、浙江宁波的余姚市、黑龙江黑河的五大连池市等。甚至有一些县乡级政府采取行政命令、政绩考评方式推动农村土地流转。

土地承包经营权流转本属于市场行为，农地承包户有权决定是否流转、流转给谁、流转期限多长、租金多少等问题。然而，现实中行政力量不断介入土地承包经营权流转，不断采用奖励、劝导、强制等手段，使土地承包经营权流转的自愿性受到威胁。在行政力量的介入下，农村土地流转政策执行中产生了偏差，出现了“本意”与“偏意”的矛盾[17]，在全国各地出现了一些损害农民权益的土地纠纷案件。梳理行政力量介入土地承包经营权流转的原因，有助于从制度上约束和规避土地承包经营权流转中的行政行为，防止流转的畸形化。

需要说明的是，从理论上讲，村委会作为自治组织中的领导机构，本不属于政府行政序列中的一环，但从实践看，村委会的许多工作都是围绕乡镇政府的安排进行的，因此这里将之纳入行政力量中。土地立法和司法方面的力量本也不属于政府行政序列，但由于土地管理法规的出台主要是政府部门推动的结果，其实施也主要靠政府的力量，因此本部分也将其纳入行政力量中。

二、土地承包经营权的诞生是行政力量干预的结果

土地承包经营权这一极具中国特色的权种的诞生历程非常曲折。新中国成立初，我国实行了土地改革，推行农民土地所有制。但不久之后，即开始进行集体化运动，以互助合作运动为开端，渐

① 这些地方出台的政策，只是对农地承包经营权流转办法的细化，往往对流转程序、流转合同样式进行了比较详细的规定。

次实行了互助组、初级社、高级社和人民公社等组织管理制度，土地也逐渐由私有私营过渡到私有合作经营，进而变为集体所有集体经营，以致最后形成政社所有、政社经营的经营管理体制。这种“一大二公”、过度平均化的经营体制导致农业生产迅速萎缩，引发了“三年困难时期”，使农业生产和农民生活陷入了空前的混乱和危机，政府不得不进行政策调整。1962 年 9 月 27 日，党的八届十中全会通过了《农村人民公社工作条例修正草案》，明确“生产队是人民公社中的基本核算单位”，“生产队范围内的土地，都归生产队所有”，赋予生产队（相当于现在的村民小组）生产资料所有权、生产经营权、收益分配权等。党的十一届三中全会后，各级政府开始清除“左”倾错误思想的影响，按照“实践是检验真理的唯一标准”和“以经济建设为中心”的思路开展工作。在农业经营中，开始尊重农民群众的意愿，逐渐允许生产队分田到户，从包产到户到包干到户，极大调动了农民生产积极性，使农村经济迅速恢复和发展。

由于农村土地的集体所有性质以及长期以来的集体化偏好，家庭联产承包责任制难免留有人民公社时期的遗痕。责任制是源自组织内部的一种管理制度，是具体规定组织内部各个部门、各类人员的工作范围、应负责任及相应权利的制度。责任人或责任单位和组织并不是平等的民事主体，双方之间签订的责任状也不是一份合同，而是一种内部管理文件。家庭联产承包责任制是以集体经济组织为发包方，以家庭为承包者，以承包合同为纽带组成的有机整体。通过承包合同，把承包户应向国家上缴的定购粮和向集体经济组织提交粮款等义务同承包土地的权利联系起来；把集体组织应为承包方提供的各种服务加以明确。其实质是集体在仍保留必要的统一经营活动情况下，将一些具体生产活动承包给内部成员——农户，并明确农户的责权利，目的是避免社员干活大帮哄、出工不出力的情况。这种“包”是组织内部的一种奖惩机制，属于组织内部的劳动关系，因此这种承包合同不属于民事合同。

然而，这种组织内部的承包关系逐渐受到组织外部行政力量的干预。1982 年中央 1 号文件明确肯定包括包产到户在内的家庭联产承包责任制的普遍合法性，并针对农民对政策变化的担心宣布责任制“长期不变”。1984 年 1 月 1 日《中共中央关于一九八四年农村工作的通知》明确规定继续稳定和完善联产承包责任制，土地承包期一般应在十五年以上。1998 年 8 月 29 日修订的《土地管理法》第十四条规定：“农民集体所有的土地由本集体经济组织的成员承包经营，从事种植业、林业、畜牧业、渔业生产。土地承包经营期限为三十年。发包方和承包方应当订立承包合同，约定双方的权利和义务。承包经营土地的农民有保护和按照承包合同约定的用途合理利用土地的义务。农民的土地承包经营权受法律保护。”1998 年修订的《土地管理法》中明确提出了“土地承包经营权”概念，并指出土地承包经营权受法律保护。2002 年 8 月 29 日通过的《农村土地承包法》更是对农村土地承包制度进行了详细的规定，对发包土地的范围、发包对象、发包期限、发包方式进行严格限制，并对承包经营权的保护和流转进行了规范。承包经营这种组织内部的经营管理方式在行政力量的干预下，变成了一种超越组织内部关系的一种独特的经营管理制度，非平等主体间的关系正在变为平等主体间的民事关系。土地承包经营权这一组织内部设置的权利（对内权）逐渐上升为一种对世权，因而成为一种可以流转的权利。

三、集体土地产权的模糊性为行政力量的介入提供了便利条件

1. 对农地所有权的界定并不清楚，其归属并不明确。《土地管理法》第十条规定：“农民集体所有的土地依法属于村农民集体所有的，由村集体经济组织或者村民委员会经营、管理；已经分别属于村内两个以上农村集体经济组织的农民集体所有的，由村内各该农村集体经济组织或者村民小组经营、管理；已经属于乡（镇）农民集体所有的，由乡（镇）农村集体经济组织经营、管理。”而《中华人民共和国民法通则》（以下简称《民法通则》，第七十四条规定：“集体所有的土地依照法律属于村农民集体所有，由村农业生产合作社等农业集体经济组织或者村民委员会经营、管理。已经属于乡（镇）农民集体

经济组织所有的，可以属于乡（镇）农民集体所有。”即土地法认可的集体土地所有权主体有三个，通常理解为乡镇集体、行政村集体、村民小组集体；而《民法通则》则明确集体土地所有权归属有两个，为乡镇集体和行政村集体。在法律规定相互矛盾的情况下，各权利主体都有介入农地问题的可能。

最高人民法院 1999 年在《关于审理农业承包合同纠纷案件若干问题的规定（试行）》中对村民小组的独立诉讼主体资格给予肯定。2021 年 1 月 1 日生效的《民法典》第二百六十二条第二款规定“分别属于村内两个以上农民集体所有的，由村内各该集体经济组织或者村民小组依法代表集体行使所有权”，也承认了村民小组集体的所有权主体资格。但村民小组无独立财产，无法承担民事责任。事实上，村民小组作为土地所有权主体虽然符合历史事实，但与现代法律精神不符。根据《民法典》的精神，村民小组不符合法人条件。《民法典》第三章第一节对法人进行了一般性规定，其第五十七条规定：“法人是具有民事权利能力和民事行为能力，依法独立享有民事权利和承担民事义务的组织”；第五十八条强调，“法人应当有自己的名称、组织机构、住所、财产或者经费。法人成立的具体条件和程序，依照法律、行政法规的规定”。而村民小组并没有自己的组织机构和办公场所，村民小组长并非专职且往往流动性很强，仅起召集人的作用，很难代表小组作出决定或承担责任。有些村民小组连公章都没有，有些小组虽然有公章却寄放在村委会。这样的村民小组并不符合法人的要求，也难以承担法人的责任。所以，尽管《土地管理法》规定村民小组拥有土地所有权，但在土地发包、征收等工作中，往往由行政村村委会代为从事相关活动。正因如此，村民小组无法保护自己的地权和履行相关职能，村委会越俎代庖现象非常普遍。

作为农地所有者的“集体”，除了乡镇集体、行政村集体、村民小组集体，还有其他形式。2011 年国土资源部、财政部、农业部联合下发的《关于加快推进农村集体土地确权登记发证工作的通知》中明确指出：“涉及依法‘合村并组’的，‘合村并组’后土地所有权主体保持不变的，所有权仍然确权给原农民集体。”按照这一规定，两个村民小组合并成一个村民小组后，各自所有的土地仍然归“原农民集体”所有。但合并后原来的村民小组已不存在了，“原农民集体”是一个怎样的集体、由谁任该集体的代表并履行相应职权并没有明确的说法。

农地产权归属的模糊性及各相关主体间地位的非平等性影响了农地流转的稳定性。中国历来存在国有产权优于集体产权、大集体产权优于小集体产权、集体产权优于农户产权的产权不平等观念，在产权归属模糊的情况下，农户产权更加脆弱。在行政力量的干预下，违背村民意愿的流转现象经常发生。

2. 农地各项产权的权能边界不清，经营使用权、所有权和行政管辖权错综复杂地纠缠在一起。集体所有农地的经营利用方式本应由其成员共同决定，但却受到政府的干预。比如政府推行了集体土地家庭承包经营制度，甚至规定了集体经济组织留取机动地的比例、承包期限等，这就模糊了所有权与行政管辖权的界限，行政权干涉了所有权。

行政权和所有权的边界不清从农民土地承包经营权的凭据上就可以看出来。目前农户获得的土地承包经营权有两个凭证，一个是农户与集体经济组织签订的承包合同，一个是县级政府发给农民的土地承包经营权证。2003年11月农业部颁布的《农村土地承包经营权证管理办法》第二条规定，农村土地承包经营权证是农村土地承包合同生效后，国家依法确认承包方享有土地承包经营权的法律凭证。《民法典》第三百三十三条也规定，土地承包经营权自土地承包经营合同生效时设立，县级以上地方人民政府向土地承包经营权人发放土地承包经营权证，并登记造册，确认土地承包经营权。可见，政府颁发土地承包经营权证只是对生效土地承包合同的确认，行政机关没有自由裁量权。承包合同是界定土地承包各方权利义务的最可靠依据，而承包经营权证的作用则很小。

按照物权法学理论，不动产物权必须通过一定的公示方法即必须通过登记才能设立；若没有登记，则不能产生物权的效力，而只能发生债的效力。按此理论，作为物权的土地承包经营权必须通过登记才能设立。但考虑到中国乡村社会的特殊性，一般学者认为登记不应当作为物权产生的先决条件，尤其是以家庭承包方式获得的承包经营权。根据《最高人民法院关于执行〈中华人民共和国行政诉讼法〉若干问题的解释》，颁发农村土地承包经营权证这种行政行为，只起到一定的证明作用，对土地承包经营权证书上记载的发包方和承包方以外的人的权利不产生实际影响。同时，承包经营权证书的不规范反而引发了一些新问题。有些承包经营权证书发放中存在各种瑕疵，如证书记载内容错误、面积不准、四至范围不详、人地不符等，许多证书不仅起不到明确权属的作用，反而升级和扩大了矛盾纠纷。[18]

由于各种权能之间的矛盾和冲突，农户承包地流转的独立性和自主性受到挑战。许多乡政府通过村委会来掌控土地流转，一些地方出现了政府强制农民将土地大规模长周期流转给企业使用的情况。有的村委会通过进行土地综合整治、扣留承包合同、“劝导”等手段代替村民做主[19]，将农地规模化流转出去。

3. 集体成员边界的不确定性和模糊性，使行政力量介入土地承包经营权流转具有某种程度的合理性。集体所有的性质决定了经常性调整承包地虽不合法但却合理，因而被多数农民认可。通过土地调整以适应集体内部家庭人口的变化，是公平的体现和土地终极所有者权利实现的手段。每个集体经济组织的农地数量一定，但每户的人数和社区人口总量却不断变化，为了追求集体土地人人有份的公平原则，行政性的土地调整成为集体组织的一种内在需求。自 1987 年在贵州湄潭开始进行的“增人不增地、减人不减地”试验并没有达到预定的政策目标。贺雪峰在 2008 年调查后认为，湄潭试验存在着严重问题，“增人不增地、减人不减地”的土地政策既不公平又无效率，农民也不满意。贺雪峰发现，湄潭农村已出现户均占有耕地的严重不均，农民对土地再调整的意愿仍然强烈，93％的被调查者同意按人口进行土地再分配。[20]李昌平也指出，中国“增人不增地、减人不减地”的政策，已经在不少地方造成了 20％～30％的“无地农民”或“有地市民”。[21]可见，在集体所有制下，集体边界的模糊性使村委会干预土地承包活动有一定的合理性，从而导致土地承包经营权不稳定，影响了土地流转。

四、现行的行政组织管理方式促使行政力量介入

我国各级序列的行政部门都是在上级领导和监督下工作的，行政组织绩效考核也都由其上级进行。因此，各级行政部门必须对上级政府负责，积极执行上级政府制定的政策。

改革开放以来，我国的土地承包经营权流转政策经历了禁止、逐渐放开、全面允许到支持等几个阶段。中央政府对土地承包经营权流转、规模化经营、农业现代化越来越持积极的态度。在促进土地承包经营权流转成为中央政策因而具有政治正确性的情况下，出于政绩的考虑，各级行政力量纷纷介入土地流转事务，土地承包经营权流转水平被一些地方政府纳入官员的政绩考核范围。[22]土地承包经营权流转成了一个发展目标。

土地承包经营权流转是市场配置资源的手段之一，是市场经济系统中的常态现象，因而只能按市场规律产生需求与供给，人为加快或放慢流转速度并不符合经济规律。土地承包经营权流转需要一些客观条件，如二三产业发展迅速、农业劳动力大量转移、城乡社会保障体系逐渐一体化等。[23,24]随着这些条件逐渐成熟，农地的功能结构将逐渐变化，由以社会保障功能为主转向以经济功能为主，农地将会像其他生产要素一样，自由地流转起来。一些地方，特别是经济欠发达地区，当前并不具备这些客观条件，人为加快其土地承包经营权流转并不符合市场经济规律。

行政组织强力推动土地承包经营权流转会引发一些问题：一是农民土地权益被侵害。有的地方政府不顾群众的意愿和利益，采取行政命令方式，强行收回农户承包地，然后流转给企业或大户，并通过各种措施扶持企业或大户的发展。这种做法背离了土地承包经营权流转政策出台的初衷。二是对农地流向有误导。政府支持下的“成功”流转案例被广泛宣传，似乎土地承包经营权流转可以解决“三农”的一切问题。但许多成功流转的典型是依靠集中各种政策性资源，如贴息无息贷款、财政补贴、项目支持等打造出来的，无法广泛复制。三是财政资金的流向出现偏差。财政资金本应优先流向贫者弱者，但鼓励

规模流转的政策使财政资金优先流向了企业或大户。甚至一些企业利用政策搞套利流转，在凭借流转获取了财政资金后逃之夭夭。四是土地承包经营权流转合同存在缺陷，尤其是流转主体不合法。一些乡镇政府（或街道办事处）、行政村直接作为农地流出方与企业或大户签订合同，没有取得承包户的委托或授权，致使流转合同本身非法，因而难以履行。

五、土地规模化流转客观需要行政力量介入

行政力量介入土地承包经营权流转是农地规模化、稳定化流转所需要的。在规模化流转中，流入土地者出于规模经营的需要，要购买设备，进行农田水利基础设施建设。这些项目的投资回收期长、涉及面广，既需要流转关系稳定持久，也需要行政许可，因而需要行政力量介入。第一，由于规模经营企业或大户与分散农户打交道的成本太高，双方签约和履约成本非常高，难以保证流转关系的稳定[25]，严重威胁流入方经营的稳定性，因而需要行政力量的介入。通过行政力量介入土地承包经营权流转也是科斯定理的要求。科斯定理认为，在交易费用大于零的世界里，有时用政府管制手段（即用政府管制代替市场交易）调整资源配置会增加社会福利。第二，由于村民逐渐分化，有的愿意流出土地，有的不愿意，而愿意流出土地的农户的地块又不一定相邻，这就需要动用行政力量帮助土地流出方或流入方将流转地块集中，以实现流转土地的规模化，为土地规模化经营提供便利条件。第三，农地规模化经营势必需要对农田、乡村道路、水利设施进行改造，这些事情不是规模经营户与单个农户通过协商所能解决的，必须有乡村行政力量的介入。第四，土地流入规模经营主体后，其原始形态（如打破原来的地块边界、小田并大田、坡地改平地、旱田改水田等）会发生变化，因而流转合同到期后如何处置流转土地将成为一个棘手问题，只有借助行政力量才能解决。比如，湖南个别地方出现了流出土地的农民不允许流转大户打破各家各户耕地边界（田埂、渠埂）进行土地整治的情况，后来由地方政府土地管理部门出面，绘制了流转前的农户地块边界图作为流转合同到期时土地处理的

依据，农户才不再阻止流转大户进行土地整理。

行政力量的介入主要起到两个作用：一是充当流转双方之间的缓冲器，打破熟人交易的关系链条，降低交易的不稳定性，缓解信息不对称性，并提供一定程度的担保[①]；二是充当农地利用的宏观管理者，对土地利用进行规制。

但行政力量介入规模化流转也存在一些风险。以行政村或乡政府为媒介的土地流转中，一些租地企业因经营不善而难以继续经营，在租赁合同尚未到期，甚至当年的土地租赁费还没有支付的情况下，企业相关人员就逃离了，农民纷纷向村委会或乡政府索要承包费。为了防止群体性事件的发生，村委会或乡政府不得不代替租地企业支付承包费，并想办法找续包土地的企业，来兑现给农民的承诺。

总之，土地承包经营权流转逐渐成为政府支持和鼓励的行为，出于自身利益和政绩等的考虑，政府不断强力推进土地承包经营权流转。村委会基于自身的利益需要或管理需要，也不断介入流转事物。但行政力量的不当介入容易引发社会矛盾和冲突，因而需要对行政力量介入土地承包经营权流转的作用空间和作用方式进行规范。

第二节 对农地产权流转的总体认识

一、依靠农地抵押解决资金问题不现实

农地经营尤其是规模化的经营，需要资金。许多人认为通过农地承包经营权抵押可以解决这一问题，一些地方甚至进行了大胆尝试。

依照现有的法律法规，以家庭承包方式获得的农地承包经营权不能用于抵押。2020 年颁布的《民法典》第三百九十九条规定，“宅基地、自留地、自留山等集体所有土地的使用权”不得抵押，但也留下缓冲的空间，规定了例外情况——“但是法律规定可以抵押的除外”。

---

① 政府或村委会参与其中，本身就是一种行政担保。一旦交易双方出现违约情况，政府或村委会的信誉就会受到影响，受害方也会找政府或村委会交涉，所以在参与之前，政府会对双方的诚信情况、项目的合理性和可行性进行调查分析，客观上起到了一定程度的担保作用。

即使没有法律的约束，家庭承包经营权的抵押也困难重重。第一，银行与小农户打交道的成本很高，银行难以掌握农户的农地生产经营情况，更难以监管抵押金的具体用途。第二，家庭承包经营权价格并不高，以此为抵押物的贷款额度不会很大，对银行来讲，每笔该类业务的盈利额有限，甚至得不偿失。第三，农村各家各户的土地边界模糊，银行很难弄清哪块地是抵押地，行使抵押权困难。第四，处理抵押土地有一定困难。比如处理某村民的抵押地时，同村人出于面子和相邻关系的考虑不愿购买，外村人又不会跨村去租赁一小片耕地，导致银行的抵押权难以实现。近些年出现的一些所谓的"家庭承包经营权抵押贷款"，如福建省三明市各地农村信用联社的"公司＋农村土地经营权抵押""基金担保＋农村土地经营权抵押"，四川省成都市的以农村产权流转担保公司提供担保为前提的土地承包经营权流转贷款等，都不是真正的农地承包经营权抵押贷款，而是担保贷款。所以，通过农地抵押解决农业经营的资金紧张问题并不现实，因为农地抵押贷款难以充分运作的关键不是制度障碍，而是市场需求不足。[4]

二、农地流转完全规范化不符合乡村实际

农地自主流转中的"非规范化"有其合理的一面，尤其是组织内部农户间的流转。第一，农村社会是熟人社会，除了依靠合同来界定双方的权利义务，往往还要凭借面子、习惯、乡规民约等来规范。第二，"非规范化"的流转，如口头协议下的流转，具有很强的灵活性。这种灵活的流转关系通常符合流出方对利益最大化的要求，因为流出方往往希望流转风险最小，而不是效率最高。在外在环境不稳定情况下，灵活的、可随时调整的农地流转方式对流出方非常有利；在找不到工作时，流出方可以收回自己的承包地，不会失业又失地。第三，亲朋、邻里之间往往具有相互照应的义务，通过严格的合同固定双方的权利义务可能对弱者构成威胁，甚至影响其基本的生计。第四，农地契约难以完全确定，如耕地地力保护的责任很难用具体的文字或数字来明确，在这种情况下将人际关系、面子作为补充来约束双方的行

为就极为必要。第五，灵活的短期的流转事实上会促进多次博弈局面的形成，在重复博弈情况下，事实上可以敦促对方按“规矩”办事。[26]第六，农业经营的露天性、广布性、边界模糊性，导致维护农业经营者的正常生产经营权益非常困难，亦即打击这方面违法犯罪的难度很大，一旦流入土地的农业经营主体“得罪”（不管是否合法）了土地流出者，则可能招致诸如削断庄稼、弄破围栏、损坏机器等报复，而这些轻度的违法行为极难得到依法处理。再者，一旦因农地流转产生矛盾，则会招致以其他事件为借口的打架、不合作，使租地者的经营环境恶化。所以，合法“不合理”的现象一旦出现，规范化的合同照样无法执行。如福建省沙县某农业专业合作社与农民签订了三年的农地流转合同，通过土地改良，流入农地的产出水平大幅度提高。许多流出土地的农民见此情景纷纷要求提高租金或收回承包地。由于难以承受农民提出的租金要求，合作社最后只好允许农民收回土地。可见，完全通过规范化的合同来约束双方的行为很困难。所以，按照农村的传统行为习惯，采取“不规范”、口头协议等方式来流转土地是一种较普遍也较合理的现象①。

三、农地规模化流转需要集体经济组织的帮助

规模化流转通常会涉及农田水利基础设施的建设、承包户之间土地关系的协调、部分农地调整使用方向等事项，需要依靠集体经济组织的帮助才能进行。目前，集体经济组织介入农地规模化流转的方式主要有股份合作经营模式、反租倒包模式和土地银行（信托）模式三种。

股份合作经营模式是按照依法、自愿、有偿的原则，将农户土地使用权流转给土地股份合作制经济组织经营，土地经营收入在扣除必要的集体积累后，按照社员土地股份进行分配的经营组织模式。土地股份合作组织理应为纯经济性组织，但由于过于分散的小农户之间合

① 兰州九成农地流转未签订正式合同（《法制日报》2010年10月18日），北京市农村农地流转口头协议超过七成（《北京晚报》2009年10月16日）。

作成本很高，依靠农民自发形成合作组织非常困难，因而我国的土地股份合作组织往往借助于村委会、村党支部形成，村“两委”（村支部委员会和村委会）和土地股份合作组织管理机构往往是一套人马两块牌子，因而土地股份合作组织具有很强的行政组织色彩。行政性强的特征使合作组织可以先对耕地进行整理，然后进行经营或者流转出去，这样，合作组织既可以获得规模效益（不仅使耕地由零散到集中，还可以通过去除垄沟、堤埂、明渠等扩大有效耕地面积），又可以得到更多的级差地租Ⅱ，还可以解决农地流转结束时土地重新分配到户的问题。但土地股份合作方式也可能产生问题。普通村民股东持有的土地股占总股份的比重很小，因而参与合作组织管理的动力不足，组织的管理者又是村“两委”成员，谁也不愿意“得罪”他们，这就使土地股份合作组织的管理很容易滑向独裁式管理，进而使土地股份合作组织异化为乡村管理者谋取私利的温床。为了保护普通村民的利益，合作组织应给付入股农民保本地租，在此基础上再根据股份合作组织的盈利情况进行分红。这样可以保证普通股民的基本收益，使普通村民股东即使享受不到合作带来的超额收益，其获得的收益也不会低于自己耕作下的水平，基本权益能够得到保障。

反租倒包模式是在农户自愿的前提下，由集体经济组织向农户支付一定租金，将农户承包地的使用权收归集体，集体经济组织再将其租赁给农业大户、企业等的一种经营组织形式。反租倒包是两个流转行为的统一，即村集体经济组织先租赁农民的承包地，然后再租赁给其他组织或个人。这种流转的具体操作形式多种多样，有的反租后经过乡村统一规划和必要的基础设施建设后，再租给农户或工商企业；有的则由村集体统一经营，农户承包田间管理并取得劳动报酬。这种流转模式优点明显。一是降低了外界企业进入农业的难度，吸引大量社会要素进入农业，使耕地与其他生产要素之间得到更有效组合，从而提高土地收益水平。二是有利于提高农民收入。土地整合后外包无疑会发挥土地规模利用效率，提高农业收入，使农民分得增值收益。同时，农民还可以受雇于土地经营者或外出务工经商，得到一笔工资收入。三是能够使集体经济组织获得一定收益。通过租入和租出两项操作，集体经济组织可以获得其中的差价收入，甚至可以通过土地整理和农田水利建设扩大有效耕地面积、提高耕地质量并据此得到更高的租金收入。但该种流转在操作中也存在行政权滥用的可能，乡村行政干部很容易成为操盘手，替民作主、强行收回农民承包地，以谋取私利。

土地银行模式，也称土地信托模式或土地信用合作社模式，是在坚持土地所有权不变、承包权稳定的前提下，按照依法、自愿、有偿原则，将土地承包者一定期限内的土地使用权租赁（吸储）过来，并在一定期限内转让（贷出）给其他单位和个人的土地经营组织形式。从实践来看，土地银行往往由村集体或地方政府设立，因而具有官办的特征。这一模式的优点显而易见。作为专业性的组织，“银行”无疑可以提供标准化的服务，无论是存贷还是租金收付，都有严格规范的程序，各方也必须依规办事，从而促进农地流转规范化。土地银行也可以成为流转双方的矛盾缓冲器、信用担保器、风险缓解器，使农地流转更加开放和稳定，从而使农民权益更加有保障。如福建省沙县成立源丰农村土地承包经营权信托有限公司（国有）来充当流转中间人，信托公司一手托两家，土地流出者和土地流入者均与信托公司进行流转交易。这样可以规范各方的行为，保证流转双方当事人的合法权益。但这种流转模式也有弊端，土地银行的政企不分特性可能导致运行效率较低，从而影响农地流转的效益。

四、不能仅从经济上考虑农地流转对农民生计的影响

在我国，农地在很大程度上承担着农民的基本生存保障功能。首先，依靠它可以实现自给自足，保障农户的基本生存需要。只要有一块地，农民就能生产出生存所必需的粮食和蔬菜，也能免除农产品供不应求或者货币贬值的影响，具有极强的生存稳定性。其次，种地也是农村较好的养老模式。农民只要能动，一般会亲自下田劳作，延长了农民的“退休”年龄，老有所用，在一定程度上可减轻子女的赡养压力。

农民大量转出耕地后，只能靠工商业生存。当工商业发展顺利

时，农民就业问题不大，社会可以正常运行；当经济不景气时，农民就业则会出现问题。有关数据显示，我国70%～80%的农民工集中在东南沿海地区，一旦发生经济危机，农民工只能返乡回家。[27]如果耕地已经流转出去，则农民工生计就会出现困难，很容易引发社会矛盾。所以，在农地流转过程中，既要考虑农地的经济功能，也要考虑农地的社会功能，不能仅通过算经济账来认定农地流转有利于农民。

农村农地流转很容易受到资本、公权力等外在因素的挤压，使农民被动地转出土地。[28]一些资本出于利润最大化的目的，通过各种手段进入农地流转市场，通过"以租代征"来"挂羊头卖狗肉"（如以建设农业园区为名，行商业开发之实）。出于政绩的考虑，一些地方政府纷纷介入农地流转，诱劝或强制农民将耕地长期流转给企业使用。一些乡村行政权力与商业利益结合起来，强制农民低价出租土地，甚至假此为名骗取农民的土地。一些企业在农田上兴建了大量建筑物和构筑物，甚至建起厂房，破坏了耕地的固有属性。这种不可逆的农地流转必然使农民的利益尤其是长远利益受到侵害，使农民的长远生计受到威胁。

总之，政府不能将农地流转作为发展目标进而作为政绩而强力推进，但要为农地的顺畅流转提供各种服务；不要期望通过农地承包经营权抵押解决农业经营中的资金问题，而应寄希望于多种形式的农村金融创新；不要强制推行标准化的农地流转程序，但应提供相对科学的、适应各种情况的农地流转程序供流转双方参考；不要盲目禁止乡村行政力量介入农地流转，但要通过立法规范其作用空间和作用方式；不要仅算流转的经济账，更要算流转的社会账，从而保证农民的长远生计不受侵害。

第三节　农地产权流转方向与"非粮化"问题

一、农地产权流转方向与种植结构的调整

作为人均耕地资源非常紧张的人口大国，我国十分重视粮食安全

问题。而一个国家的粮食安全水平主要取决于其粮食生产能力。当前，无论是中央政府还是地方政府，都在鼓励和支持农地流转，尤其是向农业大户、农民专业合作组织、家庭农场等新型农业经营主体的规模化流转。然而，不同主体经营农地的目的和方式不同，因此耕地流向必然会影响粮食产量。但控制耕地流向、限制耕地种植结构又可能与农地自由流转、农地承包经营权权能和农地经营使用权权能存在矛盾。

农地流转实质是农地相关产权在不同主体之间的流动。农地产权的流转方向有普通农户、家庭农场、农业大户、农民专业合作组织、农业企业等。家庭农场是2013年中央1号文件提出的新概念[①]。一般认为家庭农场是规模适度（种植业家庭农场的经营规模通常在几十亩到几百亩之间[②]）、主要由家庭成员从事生产管理和劳动、家庭主业为农业、经营者为乡村户籍人口的农业经营组织形式[③]。专业大户是经营规模很大（近千亩甚至上万亩）、由城镇居民和乡村居民个人或其家庭进行经营管理，生产劳动主要由雇工进行或通过外包方式进行的农业经营组织形式。家庭农场与农业大户有明显区别，前者更接近于传统农户中以农业为主业的农户，而后者更接近于企业。为了便于分析，本部分将农业大户并入农业企业中。

二、农地产权流转方向对粮食生产影响的定性分析

粮食总产量主要取决于粮食播种面积和粮食单产水平两个指标。农地的流向不同，这两个因素的变化方向则不同，对粮食产量的影响

① 以前一些学者也使用过“家庭农场”的概念，但其含义与此不同，如黄宗智将中国普通农户叫作家庭农场。

② 2013年首次对全国家庭农场发展情况统计调查中，农业部将家庭农场的规模标准界定为：从事粮食作物的，租期或承包期在5年以上、土地经营面积达到50亩（一年两熟制地区）或100亩（一年一熟制地区）以上。

③ 许多人将家庭农场概括为以家庭成员为主要劳动力，从事农业规模化、集约化、商品化生产经营，并以农业收入为家庭主要收入来源的新型农业经营主体。农业农村部关于家庭农场的概念是农场经营者应具有农村户籍（即非城镇居民），以家庭成员为主要劳动力，以农业收入为主，经营规模达到一定标准并相对稳定。

也不同。

（一）农地产权流转方向对粮食播种面积的影响

耕地的种植结构会因流向不同而不同。同一集体组织内部农户间流转的耕地的种植结构通常不会发生变化。组织内部农户之间的流转往往由非经济因素引致，通常是外出打工者将土地交给留守农民代为耕种。留守户转入耕地仅仅是为了使自家劳动力利用得更充分一点，从而多挣一点钱。他们将土地转入后，一般仍会按以往方式使用。由于组织内的农户在农地利用上具有高度的一致性，所以这种流转通常不会引起种植结构的改变。即使农地流入户想通过扩大耕地面积来转变土地种植方式，也很难实现。一是这种耕地流转的稳定性较差，流出户随时可能收回去，调整种植结构风险很大；二是调整种植结构的成本很高，往往需要额外的资本投入，会遇到新的技术障碍和承担更大的市场风险，大多数留守农户难以承受。

家庭农场的经营结构往往比较接近于普通农户，即以种植粮食作物为主。所以，从总体上看，农户将上地流转给家庭农场后，耕地的利用结构不会发生大的变化。但转入专业合作社和企业的土地，其利用结构往往会发生较大变化[①]。普通粮食作物产业的运营比较成熟，无论是生产作业还是市场购销都相对固化，单个农户均可以顺利进行，因而合作所能产生的增值收益非常有限。所以，专业合作社大多不经营粮食作物，至少不经营普通粮食作物。也就是说，当耕地流向合作社后，种植结构会出现非粮化的趋势。

企业经营普通粮食作物也很难生存。企业租入耕地并雇工生产的做法无疑增加了农业生产经营成本。为了获得大片耕地，企业往往需要支付较高的地租，才能使犹疑的农户愿意把农地租给企业，此外，还需要支付雇工工资。这样企业在单位耕地面积上投入的人工费用就要比普通农户高很多。而企业通过提高种植技术、改善经营管理来提

① 2011 年北京市农地流转平均价格每亩达到 1 283 元（《北京市农村土地流转比例接近一半》，《农民日报》2012 年 05 月 16 日 02 版），这么高的流转价格下，种植普通粮食作物是难以盈利的。

高单产的潜力非常有限。目前我国稻谷、小麦和玉米三种主要粮食作物单产已处于较高水平。世界银行公布的2006年主要农作物单产显示，中国稻谷的单产水平为6.26吨/公顷，世界平均水平为4.11吨/公顷；中国小麦的单产水平为4.46吨/公顷，世界平均水平为2.80吨/公顷；中国玉米的单产水平为5.37吨/公顷，世界平均水平为4.82吨/公顷。在现有科技水平下，我国粮食单产水平的提高已非常困难。也就是说，用租入土地种粮食，其成本将上升20%～30%，但产出却很难同比例增加，这将导致租地企业生存困难。一旦离开国家的补贴和项目支持，企业经营普通粮食作物就会发生严重亏损。[29]据原农业部农村经济与经营管理司相关县域调查统计，农户之间流转土地中用于种粮的比重占71.9%，而规模流入企业等主体的土地中用于种粮的比重仅为6.4%。[30,31]因此，一旦耕地流入企业，其种植结构不可避免地会非粮化。

(二) 农地产权流转方向对粮食单产的影响

粮食单产取决于生产中的要素组合，即生产函数。普通农户种地往往凭借传统经验和随大流，即使转入了一点土地，其种地方式也不会发生改变，该怎么投入还会怎么投入。所以，小农户之间的耕地流转不会引发生产函数变化，其单产水平也不会变化。家庭农场一般拥有自己的机械设备和相对充足的资金，经营者的素质也较高，因此农业生产中的资金、技术、管理等要素的投入会增加，从而使单产水平提高。即当土地由普通农户流向家庭农场后，粮食单产水平通常会提高。

流向企业的耕地的粮食单产水平可能会降低。由于企业需要雇工经营，因此其劳动力成本远高于一般农户。企业流入耕地后，为了减轻工资压力，投入到单位耕地上的劳动会减少，甚至会“眼睁睁地看着自己的粮食减产”[32]，这自然会导致粮食单产水平降低[33]。企业雇工和家庭内部成员在农业劳动中的积极性相差较大，加之企业对雇工劳动的监督非常困难，出工不出力现象难以避免，劳动生产率难以提高，这自然会导致耕地单产水平降低。[34]

三、农地产权流转方向对粮食生产影响的定量分析

关于农地产权流转方向对于单产水平影响的定量分析，学界已有很多并基本达成了共识。大量研究文献表明，农业不是一个具有显著规模效应的产业。万广华等研究发现，我国谷物生产几乎不存在规模经济效益。[35]卫新、毛小报、王美清通过对浙江省农户的调查分析，高梦滔和张颖通过对八个省农户的调查分析，得出了农户土地规模与产量呈负相关的结论。[36,37]钱贵霞对这一问题进行了更详细的分析，认为粮食播种面积每增加 1%，主产区农户的户均粮食产量仅增加 0.688%，即随着经营规模扩大，耕地单产水平降低。钱贵霞测算出河北省单产水平最高时的耕地规模为 3～5 亩，辽宁省、吉林省和黑龙江省为 5～10 亩，江苏省、安徽省、山东省、河南省为 3 亩以下，湖北省、四川省为 10～20 亩。[38]可见，“小农更有效率”有着坚实的实证基础[39]。

由于资料所限，难以确切分析农地流转后粮食产量的变化，所以本书以流转后用于种粮食作物的耕地面积占耕地流转总面积的比重来反映流转方向对粮食播种面积的影响。根据 2011 年《全国农村经营管理统计资料》中的承包地流转去向和流转后用于种植粮食作物的面积，测算出流入农户的耕地所占比重和流转后用于种植粮食作物的面积比重（表 2－1）。

表 2－1　耕地流向与粮食用地比重的关系

单位：%

地区	流入农户土地面积所占比重	流入其他主体的土地面积比重	转后种粮食的土地比重
北京	28.62	71.38	14.43
天津	53.99	46.01	36.21
河北	68.91	31.09	44.23
山西	69.73	30.27	50.06
内蒙古	76.15	23.85	68.03
辽宁	67.74	32.26	44.46

（续）

地区	流入农户土地面积所占比重	流入其他主体的土地面积比重	转后种粮食的土地比重
吉林	82.57	16.79	81.01
黑龙江	86.89	13.13	85.81
上海	31.74	68.26	38.35
江苏	44.44	55.56	38.04
浙江	66.43	33.57	45.10
安徽	64.88	35.12	69.46
福建	74.47	25.53	42.77
江西	77.93	22.07	62.41
山东	57.71	42.39	32.37
河南	73.29	26.71	62.73
湖北	66.57	33.43	58.48
湖南	63.06	36.93	53.95
广东	61.85	38.15	19.74
广西	66.64	33.36	35.92
海南	61.83	38.17	29.86
重庆	52.44	47.56	41.28
四川	55.95	44.05	39.04
贵州	52.55	47.45	29.29
云南	49.40	47.70	27.64
陕西	75.68	24.32	29.51
甘肃	65.42	34.58	45.87
青海	54.58	45.42	49.28
宁夏	52.21	47.79	56.28
新疆	89.58	10.42	45.73

根据表 2-1 可知，耕地流向农户的比重与流转后用于粮食种植的耕地所占比重呈正相关。运用 SPSS 得到两者的相关关系图（图 2-1），可知流向农户的耕地越多，则粮食播种面积所占比重越高。

运用 SPSS 软件，选取一元线性方程进行回归分析，得出下列结果（表 2-2、表 2-3、表 2-4）。

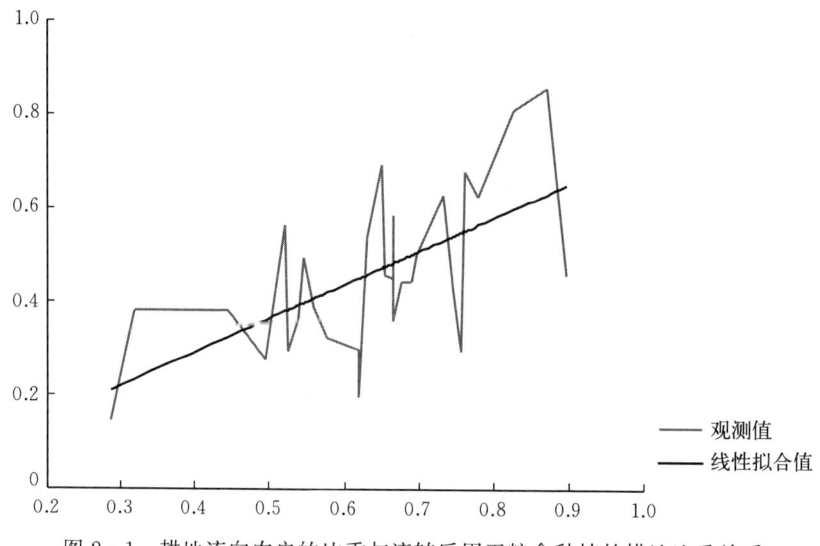

图 2-1 耕地流向农户的比重与流转后用于粮食种植的耕地比重关系

表 2-2 耕地流向农户比重与耕地流转后用于粮食种植的比重相关性

模型	R	R^2	调整 R^2	标准误差	Change Statistics				
					R^2 差值	F	df_1	df_2	P
1	0.609 (a)	0.371	0.348	0.1 355 444	0.371	16.495	1	28	0.000

注：a. 预测变量（常量），流入农户的耕地所占比重；b. 因变量，流转后用于粮食种植的耕地所占比重。

表 2-3 耕地流向农户比重与耕地流转后用于粮食种植的比重相关分析中的系数

模型		方差和	df	均方差	F	$Sig.$
1	回归	0.303	1	0.303	16.495	0.000 (a)
	残差	0.514	28	0.018		
	小计	0.817	29			

注：a. 预测变量（常量），流入农户的耕地所占比重；b. 因变量，流转后用于粮食种植的耕地所占比重。

表 2-4　耕地流向农户比重与耕地流转后用于粮食种植的比重相关模型的系数

模型		非标化回归系数		标化回归系数	t	$Sig.$
		回收系数	标准误	β		
1	常量	0.005	0.114		0.047	0.963
	流入农户的耕地所占比重	0.719	0.177	0.609	4.061	0.000

注：流转后用于粮食种植的耕地所占比重为因变量。

即：流转后用于粮食种植的耕地所占比重为 0.005＋0.719×流入农户的耕地所占比重。

$F=16.49$，$R=0.609$。

可见，流入农户的耕地所占比重与流转后耕地用于粮食种植的比重两者之间呈正相关，流入农户的耕地比重每增加 1 个百分点，流转后耕地用于粮食种植的比重就会增加 0.719 个百分点，所以耕地流向农户有利于国家粮食安全水平的提高。

耕地流向对粮食产量有很大的影响。耕地流向农户比流向规模经营主体更有利于保证粮食产能。从粮食安全角度出发，应当鼓励耕地在农户间流转，尤其应当鼓励耕地向以种粮为主的家庭农场流转。同时，应严格限制耕地向非农公司流转，禁止工商资本进入农地流转市场。但这又涉及农地经营权的界定问题。

第四节　通过农地产权自由流转实现规模经营的困境分析

随着人口流动性的增强，耕地配置的原则逐渐由公平向效率转变[40]，需要在不同主体间流转。为此，国家适时推出了一系列政策措施[41]，使农地流转速度不断加快。但在流转过程中，出现了农地利用非粮化甚至非农化的问题。[42,43,44]为了稳定粮食生产，国家开始支持规模化粮食种植。为了更好地执行相关国家政策措施，有必要深入分析粮食适度经营规模及其实现问题。由于涉农企业、农业合作组织租入耕地后，基本不经营粮食作物[45]，甚至会危及农业的可持续性[46]，所以本节只分析农户或家庭农场的粮食适度规模经营问题。

一、粮食生产适度规模的确定

（一）适度规模经营的含义

对于适度规模经营，学者们从不同角度用多种方法进行了分析。当前的研究者主要关注规模经营中的土地利用效率、农业经营利润和劳动力务农的机会成本三个方面[47]，并以其中的一个或多个方面为目标测算规模经营的最合适度。实际上适度规模是理想与现实相结合的产物，是多方妥协、多方权衡的结果，是兼顾公平与效率的结果[48]，是经济效益、社会效益相互妥协的产物。农地经营规模要与土地产出、劳动力报酬相适应[49]，也要与人口非农化情况相适应[50]。过小的经营规模难以让农户专心种粮，从而引起粮食单产水平不高、经营者收入难以保证的问题；过大的经营规模又会引起土地承载的劳动力过少，引发农村留村人口就业困难问题。[51]经营规模的大小还必须与农户经营能力相吻合。从事粮食规模经营者需具有较高的素质，要对传统农业进行改造，采用新的生产设备、探索新的营销模式等。总之，经营规模与留村劳动力的数量、人均耕地面积、非农产业发展情况、经营者的经营手段和经营能力等密切相关。适度规模的标准是动态的，随着要素禀赋结构的升级而变迁。[52]

（二）适度经营规模的基本判定

按照农户家庭专职务农的收入门槛（即务农者能够获得与外出打工相等的收入水平）标准测算，郭庆海认为北方适度规模为100～120亩，南方适度规模为50～60亩，吉林省专门从事玉米种植的农户家庭适度规模为150亩。[53]党国英则认为平原地区经营大田作物的家庭农场适宜规模应在300亩以下。[54]

现有文献中，缺乏对“小麦＋玉米”这种华北平原主要粮食种植模式的适度规模测算。由于华北平原“小麦＋玉米”的生产成本和收益相差不大，所以本节以河北省资料推算其适度规模。根据《河北省农村统计年鉴　2016》相关数据，2015年河北省小麦的亩均收入是

1 086.23元，生产成本为 820.62 元，其中工资费用为 335.65 元；2015 年河北省玉米的亩均收入是 928.13 元，生产成本为 737.78 元，其中工资费用为 387.18 元。在不扣除人工和地租成本的情况下，在河北省，“玉米＋小麦”的亩均种植纯收益是 1 178.79 元。保守起见，本节按 1 100 元（未扣除人工成本和地租）计算。而外出打工者的年收入一般在 4 万元左右，这样核心家庭的外出打工收入就是 8 万元。粮食种植有很强的季节性，种粮农户依然可以获得其他方面的农业收入和非农业收入，所以种粮农户的种粮收入按占家庭总收入的 70%计算[①]。在不用支付地租的情况下，为了让规模种粮者的收入与外出打工收入相等，其需要经营的土地面积为 80 000×70%÷1 100＝51 亩。若种粮农户按照 500 元/亩来支付地租，则至少需要耕种 93 亩，即 80 000×70%÷(1 100－500)；若按照 800 元/亩来支付地租，则至少需要种 187 亩，即 80 000×70%÷(1 100－800)。根据目前“小麦＋玉米”的耕作情况，在借助机械的情况下，一对夫妻完全可以耕作 100～200 亩土地，所以雇工费用可以忽略不计。因此，从农户收入角度考虑，种植“小麦＋玉米”的家庭农场，其适度经营规模应当为 50～200 亩。

种粮家庭农场适度规模标准的确定除了要考虑务农家庭的收入，还要考虑土地利用效率，即粮食单产问题。关于种植规模与粮食单产间的关系，学者们尚没有统一的结论，但多数学者认为两者之间存在倒 U 形的曲线关系。李文明等利用农户调研数据，测算出水稻种植的最适宜耕地规模在 80～120 亩[55]；熊凤水、刘梦兰利用芜湖市资料，测算出种水稻家庭农场的最佳经营规模在 35～70 亩[56]；陈菁、孔祥智利用我国 13 个粮食主产区的农户调查数据，测算出玉米最优生产规模为 400 亩[57]；刘奇认为我国平原地区耕作大田作物的家庭农场一般不宜超过 300 亩[58]。可见，从土地利用效率看，种粮家庭农场的经营规模应当为 50～400 亩。

种粮家庭农场的实际经营规模也能从侧面反映出适度规模。何秀丽等分析调研资料发现，东北小规模流转农户（10～50 亩）数量下

---

① 此处参考了家庭农场的认定标准，该标准要求务农收入占家庭总收入的 80%以上。考虑到规模种粮户还可以从事粮食以外的农业经营，所以此处按 70%计算。

降，但200亩以下经营规模的家庭农场相对稳定[59]；陈运雄、卜艺佳基于湖南省7市13县的调查发现，种粮家庭农场经营规模平均为182亩[60]；四川省安岳县2010年、2014—2017年，粮食（主要是水稻和玉米）规模经营户种植面积的平均数分别是36.8亩、81.1亩、98.1亩、98.0亩、122.6亩[61]；周颖达调查发现南京市粮食类家庭农场生产规模大多集中在200～300亩[62]。可见，当前种粮家庭农场经营规模主要集中在100～300亩。

不同资源禀赋、经济水平、要素构成和政策环境下的农业适度规模不尽相同[63]，不存在普适性的适度经营规模[64]。但根据农户种粮收入需要和粮食单产水平较高两方面的要求，结合种粮家庭农场的现实规模，可以将我国种粮家庭农场的适度规模确定为：一年一季的地方为200～400亩；一年两季的地方为100～200亩。

二、农户间自发流转实现适度规模经营的交易成本困境

在户均耕地严重不足的情况下，为了实现适度规模经营，必须流转土地。土地流转能否发生受制于交易成本的高低和交易成本由谁负担。如果土地流转在农户之间自发进行，则交易成本主要由农户承担，交易成本的高低将直接决定着流转能否进行。

（一）农户超小和严重分化导致交易成本太高

根据农业农村部2021年数据，我国农村超过98%的农户（约2.1亿）经营的耕地在10亩以下，户均土地规模只有7.46亩，为了实现100～200亩的连片土地规模经营，需要流转几十户甚至上百户的土地。目前农户分化越来越严重，传统生计小农、Ⅰ兼户、Ⅱ兼户、非农户、农业大户等各类农户都有。不同农户对种地的诉求和态度不同。家庭农场若想租入耕地，就不得不和各种各样的农户打交道，要做通周边农户的工作，让本不想出租耕地的农户将耕地流转出来，或者借助于地块调整等方式，让愿意将耕地地流转出来的农户实现土地集中连片。这无疑加大了土地流转的交易成本。虽然国家开始

鼓励承包地有偿退出以促进承包地集中到务农者手中，但响应者却很少。农户分化抑制了其退出土地意愿，即更符合退出政策目标指向的农户群体反而更倾向于继续持有土地承包权。[65]

（二）农地产权模糊导致交易成本太高

农村土地主要归集体所有，但农地使用制度实际由中央确定，集体对耕地如何经营使用缺乏话语权。在这种情况下，集体组织和承包农户无法对未来的承包制度，尤其是承包到期后是否会调地进行合理的预测。依照《土地承包法》，农地流转的最长期限不能超过本轮承包期。虽然中央不断强调土地承包经营权要稳定、绝大多数农户的地块不会变动，但具体到某一村组或承包户，其土地仍可能面临调整。农地承包经营权的这种模糊性使农地实现长期流转面临更多的困难，难以满足家庭农场稳定租入土地、搞持续经营的需要。

（三）土地流转合同执行困难导致耕地流转交易成本高

虽然政府不断强调农地流转应当签订规范化的合同，但现实却是即使农地流转合同非常规范也依然难以严格执行。比如，出租土地的农户若迫切想要收回租出的耕地，租地方往往会妥协。这种例子在实践中屡见不鲜。由于农村是一个熟人社会，农地流转具有浓郁的乡土特征[66]，如果出租户因为各种原因不想再继续出租土地，当地的租地农户碍于情面不好拒绝。而对外来的租地经营者来讲，由于农地管护起来非常困难，经营中又需要使用村中道路、机井等基础设施，若出租方强烈要求收回土地，也只能接受。其次，租地方若基于经营不善而想提前终止流转合同，出租方往往只能接受。若出租土地的农户不同意终止流转合同，则其既不能顺利得到地租也不能耕种土地，损失可能更大。可见，让土地流转合同严格履行的成本非常高。

三、农户间自发流转实现适度规模经营的地租成本困境

2008 年以来，通过农地流转实现适度规模经营的地租成本越来

越高。湖南、山东、河南等产粮大县，2008 年以前每亩租金在 300 元左右，2016 年后则超过 800 元；河北省大名县、宁晋县、辛集市肥力较差的旱地流转价格已经超过 1 000 元/亩。[67]随着土地租金的不断上升，种粮成本越来越高，租地种粮者甚至亏本，毁约现象增多。[68,69]地租成本不断提高不能仅仅归结为工商资本下乡炒作[70]、禀赋效应[71]、差序性和歧视性[72,73]等因素，因为这些因素不能解释地租的长期增长。造成地租不断上涨的更主要原因，其实是地租向高者看齐所导致的地租水平随规模扩张而过快上涨的租地困境，或者称土地规模经营悖论。

（一）农户出租耕地时会向要价高者看齐

不同农户对土地功能的认识不同，对土地的诉求也不同，对土地的使用自然也不同。一般来讲，集约经营的农户的土地收益会高一些，而粗放经营的农户的土地收益会很低。

不同农户的种地收益不同，导致不同农户对自家承包地估值不同，或者说其出租土地的机会成本不同。各地块经营者可以接受的最低租金取决于经营者自己耕种土地所能获得的纯收益和经营中需要付出的心力代价：撂荒土地的农户，土地每年给他带来的收益为 0，所以他甚至会无偿出租土地；在机械化的帮助下，大田粮食作物的种植者既省心又省力，所以他放弃耕作索要的代价与自己耕种所能获得的纯收益基本相同；搞耕地高效种植的经营者承担的风险较大、心理负担也重，所以，他放弃耕作索要的代价一般比自己在正常年景所能获得的纯收益低很多。农户内心愿意接受的地块最低价可以看作地块的正常地租。

由于农户之间会交流地租信息并相互比较，规模租地者往往不能采取差别给价策略，即不能对不同农户给付不同的地租标准。在这种情况下，地租水平就取决于边际地块的正常地租，即各块地的地租水平取决于租地者所租土地中要价最高地块的地租。

（二）向高者看齐的地租形成机制使地租随规模扩大而迅速提高

为了分析地租向高者看齐对规模经营者的影响，本节虚拟了如下案例：某村只有五块耕地，这些耕地质量相同，也相邻，但种植结构和经营方式不同，每亩纯收益也不同（表2-5）。此外，假设村民之间不存在差序格局。

若某家庭农场只租5亩以下的土地，则只需支付很低的租金，甚至可以无偿使用1号地。但若家庭农场要租种20亩的土地，则需要租入1号地和2号地，所以该家庭农场必须满足2号地主人的要求，每年每亩支付200元租金。1号地的主人自然会要求获得同样的租金，所以1号地块的地租提高到200元/（亩·年）。以此类推，若该家庭农场要将全部土地都租赁来，必须按照最高地租水平（每年每亩1 100元）来支付每块地的地租。可见，在小区域内的土地租佃中，平均地租水平取决于边际地块的地租。

表2-5　不同租地规模下的年地租水平

地块编号	1号地	2号地	3号地	4号地	5号地
地块面积（亩）	5	15	50	30	25
地块正常租金（元/亩）	0	200	450	650	1 100
累计规模（亩）	5	20	70	100	125
平均地租（元/亩）	0	200	450	650	1 100
总地租（元）	0	4 000	31 500	65 000	137 500
边际地块地租（元/亩）	0	267	550	1 117	2 900

租金向高者看齐，使平均地租随规模扩大、更高租金地块的加入而迅速上升，进而推动边际地租成本以更快速度上升。

（三）租地经营者的经济规模小于社会最优规模

租金向高者看齐会使社会福利受损。假设整个社会福利最大的租地规模应为F点对应的规模（图2-2），但租地家庭农场从经济角度会选择D对应的规模；家庭农场的盈利空间本应为ACF组成的图形面积，但在地租向高者看齐的情况下变成了ABD组成的图形面积，整个社会的福利损失了DEF组成的图形面积。

向高者看齐的地租形成机制使规模扩张增加的租金支出抵消掉了部分扩大规模带来的好处，导致租赁经营的合理规模（边际收益等于

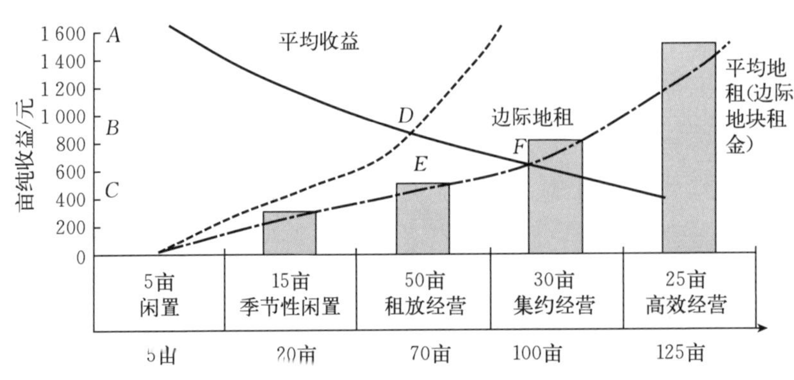

图 2-2　土地租赁市场中边际地租与平均地租的关系

边际地租的规模）小于社会最佳经济规模（边际收益等于边际地块租金的规模）。

造成这种局面的主要原因是农村土地资源的过度资本化。“一旦农村土地过度资本化，必然冲击其生产功能的发挥”，因为农地首先是一种生产资源，其次才是资本。制定政策时要保护农地的生产资源属性，在农地产权配置中，应当保护耕地的整体性，要方便耕作，防止基于资产属性要求的公平性而过度分割耕地，也防止因对私有财产神圣不可侵犯原则的坚守而不能整理耕地、推动耕地的整合。过度资本化将威胁到实际耕种者的利益，冲击耕地保护目标，影响国家粮食安全。过分追求土地增值将导致地租地价过快上涨，必将导致土地产出不能支撑过高增值的土地成本，则农业生产将不可持续，这会直接影响农产品的产出与供应，进而影响农产品价格。

四、种粮家庭农场实现适度规模经营的对策建议

农地流转交易成本过高和地租向高者看齐的特性，导致农地资源最佳配置的实现受到影响。为了保障粮食安全，政府必须采取差别化政策，对农地流转市场进行干预。

1. 对适度规模种粮者直接给予现金补贴。高昂的土地成本已经成为制约农地规模经营的关键因素，政府应当建立并完善补贴制度以实现土地成本的社会分摊。[74] 2015 年，《财政部、农业部关于调整完

善农业三项补贴政策的指导意见》（财农〔2015〕31号）决定，从农资综合补贴中调整20%的资金，加上种粮大户补贴试点资金和农业“三项补贴”增量资金，用于支持粮食适度规模经营。按规定可以采取贷款贴息、现金直补等多种方式支持粮食适度规模经营。其中，现金直补是最简单最有效方式。这种方式可以减少种粮大户的申领成本、政府的运作成本，也可以避免资金的随意投放。四川、山东、河南、浙江等都采取这一方式，有效降低了种粮家庭农场的租地成本。

2. 通过土地综合整治项目，推进土地向种粮农户集中。政府应当将土地综合整治与促进粮食规模经营结合起来，鼓励承包户将土地出租给规模种粮者，然后通过土地综合整治项目进行地力的提升改造。这样不仅可以增加有效耕地面积（一般可以增加5%～10%），还可以提高土地质量和土地产出水平，间接降低种粮家庭农场的地租成本。

3. 将财政支农项目向适度规模种粮家庭农场倾斜，提高种粮者经营效率。粮食安全比蔬菜安全、蛋奶安全等更重要，所以财政资金应当重点支持粮食生产。在安排“项目下乡”时，应向适度规模种粮的家庭农场倾斜，鼓励他们承担深翻整地、测土配方施肥、标准化生产等项目，从而间接降低地租成本。

4. 通过中介组织介入，降低租地成本。家庭农场直接大规模租地时，为了获取连片土地甚至会接受个别农户畸高的要价。中介组织能够协调农户之间的利益，有效避免个别农户凭借天然的“产权地理垄断”[75]而提出的畸高要价。通过中介组织也可以降低交易成本。从目前情况来看，中介主要有两种形式：一种是居中调节兼管理的中介，主要是村委会；另一种是直接参与流转的中介，即中介先将农户的土地租赁过来，然后再租给规模经营者，这类中介组织有村集体、土地股份合作社、土地信托公司等。通过引入中介组织，家庭农场不直接与出租土地的农户交易，主要与中介交涉，交易更容易。此外，农地流转中介组织多是行政性（如村委会）、公益性（如政府设立的流转服务机构）兼职的服务组织，它们可以利用现有的人力物力和信息收集系统来帮助流转双方[76]、为双方提供免费的服务，同时还能帮助规模经营者处理耕作中的修渠、打井、修路等问题，能够有效降低规模经营者的交易成本。

5. 规模种粮家庭农场应当循序渐进流转土地，有效降低交易成本。交易成本与流转方式之间相互影响，流转期限、流转主体会影响交易成本；反过来，交易成本也会影响流转主体、流转期限、流转租金计算和支付方式。当交易成本很高时，规模经营者可以采取渐进方式流转土地。比如家庭农场先租入熟人的土地、只进行短期流转等，等到与附近的人员熟悉并建立互信关系后，再进行更大范围、更长期的流转。再比如，家庭农场先为周边农户提供机耕等服务，与他们建立稳定关系后再租入其土地等。

第三章

第三轮土地承包中承包权调整问题分析

第三轮土地承包中，承包权是否发生改变直接决定承包经营制度的稳定和对土地承包政策“长久不变”的理解和落实，也直接影响2011年以来确权发证工作的绩效。第三轮土地承包中的承包权是否调整问题，实际就是各承包户的承包地是否调整的问题。

第一节　关于承包地调整问题的研究与争论

一、承包地调整问题研究的意义

农地制度的确立与演变对我国农村经济的发展起着重要作用。土地承包经营制度是我国农地制度的重要组成部分，而承包地是否调整以及如何调整又是其中的关键环节。土地制度改革目标的确定必须立足于基本国情。1978年我国农村开始实行家庭联产承包责任制，将耕地按照家庭人口数量进行分配。分田到户后的最初阶段，承包期较短，有的农民对土地进行不合理、不科学的野蛮利用，同时由于出生死亡、嫁娶导致人口频繁变动，集体经常调整承包地（或打乱重分或小调整）以尽量实现人地均衡，此阶段农户对自家承包地的地权并不稳定。1984年中央1号文件提出土地承包期一般在15年以上，并且建议承包期内尽量不调地。1993年《中共中央、国务院关于当前农业和农村经济发展的若干政策措施》强调“在原定的耕地承包期到期后，再延长三十年不变”，同时提倡承包期内“增人不增地、减人不减地”。[77]1997年《中共中央办公厅、国务院办公厅关于进一步稳定和完善农村土地承包关系的通知》（中办发〔1997〕16号）明确“开展延长土地承包期工作，要使绝大多数农户原有的承包土地继续保持稳定。不能将原来的承包地打乱重新发包”，“‘小调整’也只限于人地矛盾突出的个别农户”。2002 年颁布的《农村土地承包法》以及 2007 年颁布的《物权法》都明确规定“承包期内，发包方不得调整承包地”，并进一步严格了“小调整”的条件。2008 年党的十七届三中全会提出“现有土地承包关系要保持稳定并长期不变”。2011 年国土资源部等联合出台《关于农村集体土地确权登记发证的若干意见》（国土资发〔2011〕60 号），明确要为承包户颁发土地承包经营权证。党的十九大报告又明确“第二轮土地承包到期后再延续三十年”。由此可见，中央制定的农地制度及具体政策一直是向着稳定农户对自家承包地的地权方向演进。

家庭承包制这一自下而上、以诱致性变迁为特征的制度在初期产生了巨大的绩效，提高了农民生产的积极性，解放了农村生产力。但是随着时间延续，该制度的缺陷开始显现。我国农村耕地在第一轮和第二轮承包时，大部分地区集体土地的分配是按照当时的人口数量、以家庭为单位平均分配。部分地区将耕地分为口粮田和责任田两部分。其中口粮田按人口数乘以固定的标准（一般每人几分地）确定，其余耕地作为责任田；口粮田以户为单位，按人头平均分配，责任田以户为单位，按劳动力分配。个别地区先按人头分配口粮田，将剩余的耕地作为责任田、通过竞价的方式分配给愿意种地的集体经济组织成员。这种分配方式充分体现了集体成员之间在土地承包权方面的平等性，但这种平等性仅限于分配时点。土地分配完成后，在近 30 年的承包期内，农户家庭人口的变动（如婚丧嫁娶）导致农户人均耕地数量发生了巨大变化，一些基层政府或者村组集体为了缓解人地矛盾每隔几年便进行一次土地调整。由于中央倾向于稳定土地承包权，所以土地调整政策由松到紧再到几近禁止，集体成员（分配时点的主体）与集体土地（客体）的对应关系固化（无论是永久固化还是长期固化）[78]，村组很难有土地调整空间。新增集体成员丧失了为家庭从集体手里获得更多承包地的权利，造成了国家稳定农户承包权政策与农户调整土地诉求之间的冲突。若第三轮土地承包继续延续第二轮土地承包方案，则无地少地农户的土地权益会持续受损，不公性凸显；

但若不尊重各户承包地现状而盲目进行土地调整，则会违背国家政策，也影响土地有效利用，甚至引起更大的矛盾纠纷。从总体来看，土地制度改革要兼顾社会公平与经济效率。二轮承包即将到期，第三轮承包工作即将开展，虽然三轮承包的既定方针是绝大多数农户的承包地保持稳定，但仍有必要了解农户对于调整土地的意愿及诉求，以便借延包契机谋划第三轮土地承包的方案，通过科学合理途径调和人地矛盾。

二、关于承包地调整问题的争论

承包地调整是农村土地承包经营权重新分配的过程，是村集体依据人口等因素对农地资源进行重新配置的过程。[79]承包地调整主要包括“大调整”与“小调整”。“大调整”是在本集体范围内全部打乱农户原有的承包地，再按照现有村民人数重新分配，原有承包关系不复存在。“小调整”是指在本集体范围内对部分农户的承包地进行调整，多以集体预留的机动地来找补面积差额。[80]

（一）基于效率与公平视角的分析

郑志浩、高杨认为，农地承包制度在稳定地权和农民要求的地权平等之间出现了矛盾。[81]朱冬亮指出，第二轮土地承包 30 年有利于推动农民对土地的长期投入，但是造成了“集体土地成员权”（公平性）与土地产权的稳定性之间的矛盾，应当把公平放在第一位，在此基础上兼顾效率。第三轮土地承包再延包 30 年代表着土地关系继续长久不变，这类似于西方的土地私有制，若想维持土地集体所有制，就必须准许土地调整。[82]冯华超等认为，从总体上看，土地制度改革要兼顾经济效率与社会公平，但根据土地功能发挥的不同，改革的侧重点也不同：若在土地承担生存保障功能阶段，必须首先满足农户对土地的公平需求以保障其温饱，保障生存后再考虑提高农地效率，否则会影响社会秩序。必须基于我国国情确立土地制度改革目标，在经济发展环境较为困难的情况下，若一味讲求效率则会影响宏观经济发展，因为我国土地总体上仍主要发挥生存保障的功能。土地调整虽然不利于农地的利用效率，但随着经济环境的变化及时间的推移，也可以作为一种风险分担机制，使土地资源得到优化配置。[83]宋志红则提出了相反意见，认为保持稳定的承包关系是农村土地制度改革的方向与趋势，若土地承包关系稳定，则代表要偏重于效率，在此基础上再照顾农民对承包地的公平诉求，这样才有利于农地的规模经营。[84]丰雷等提出，根据每轮承包期不同的政策可知，自20世纪80年代初至今，我国农地制度的改革偏向于稳定承包关系与地权、看重市场经济效益。[85]李明秋等综合公平和效率的观点认为，公平和效率二者既对立又统一，不能只片面追求公平或效率，两者都会带来损失。[78]宋志红认为，以不同的价值观和利益平衡为出发点进行选择和研究，不能定义土地调整是有利还是有弊的。不进行土地调整，是从农地经营效率方面出发考虑；反之，进行土地调整是农户享有土地公平权利的诉求，要综合公平与效率的考虑。[84]

（二）农地调整利弊的争论

学术界关于农地调整的利弊之争一直较为激烈。调地的弊端总括为：农地调整破坏了地权稳定性，不利于农户对土地的长期投资，农业生产效率的损失导致土地资源退化，且阻碍农地市场发育、妨碍农村劳动力转移等。农地调整的好处总括为：农地调整并非单纯的经济问题，调地满足了农户对土地分配平等性的需求，且具有提高社会保障水平的功能和基层“维稳”的功效。

1. 不进行土地调整的好处。第三轮土地承包时不进行土地调整有其优势。稳定的土地权利以及确保农村土地承包经营关系长久不变，是推动承包地经营权流转、形成规模经营并最终实现土地利用方式转变的必备条件，因此稳定的承包关系是农地“三权分置”的逻辑起点。[86]同时，地权的稳定性又和农地产出率紧密相连：稳定的土地承包关系推动农民对耕地的各项投入（生产资料、时间等）；反之，不稳定的承包关系会阻碍农民对耕地的投入，而投入量会直接影响产出。因此，农民的经营预期稳定性影响其投入决策，土地承包关系的稳定性直接影响农地的产出率，而农地产出率又与农民收入相关，因此土地产权的稳定是影响农地的投入产出以及农民收入的关键因素。人口增长导致人均耕地量的减少，农户会倾向于向工业、商业等非农产业转移，这样一来就推动了农村劳动力的转移及城市化进程。若只着眼于当下，通过调整承包地的方法来解决人地矛盾，就意味着农村土地会处于不断调整的状态，难以维持农村土地产权的稳定，阻碍农村人口的流动及城市化进程。同时，即使是土地的个别调整，由于没有形成制度化的政策，在具体操作过程中难以保障绝对公平，且个别干部会借调地契机滋生腐败行为，引发土地纠纷。[87]因此，保持土地承包关系的稳定是农业发展的现实需要。

2. 不进行土地调整的弊端。虽然稳定地权是政策要求，但正式制度与实际情况仍有差别。无论从地权公平性、土地调整的现实功能还是实际土地权益考虑，不进行土地调整都会产生负面影响。

我国农村进行前两轮土地承包时是以家庭为单位按人头平均分配的，此种分配方式体现了村集体成员在分配时点土地承包权的平等性。在随后漫长的承包期内，由于农户家庭人口数量发生变动，再加上政策对地权稳定的倾向以及对调地的限制，集体成员与集体土地之间关系的固化，使得村组很难再有土地调整空间。不公平的土地分配以及由此导致的人多地少家庭权益受损会随着时间的推移越来越显著，主要表现为新增人口不能获得土地承包权，这与“集体土地成员权”观念相冲突，无法实现集体所有的土地由集体成员共享，地权公平性难以保证，由此导致人多地少农户的直接或间接利益受损。

土地调整具有许多功能，如社会保障功能、土地资源配置功能。土地作为农户最后一层保障，能满足农民基本生活需求，在遭遇突发性事件时，农户也能依靠土地求得生存机会。由于土地资源再分配的限制，无地少地农户的土地保障功能受到限制。同时，在生存和发展方面，农民可以接受无法获得好的非农就业机会或者较高的非农收入的现实，但却很难接受无法获取经营土地机会的待遇。[79]因此，通过土地调整保证无地少地农户有最后一道屏障是必要的。土地调整并不必然加剧土地细碎化或者对土地资源利用产生负面影响。有学者认为，根据各地实际情况对土地进行适当调整或归并（如通过调整实行“一户一块田”），可以缓解土地的细碎化状况且有利于扩大经营规模。但在土地调整过程中，一定要尊重各地实际情况，若违背经济发展规律进行土地调整，则会引起更大矛盾。

如果土地不调整，无地少地农户的直接或间接利益受损，他们的农地种植收益、土地流转收益、农业支持保护补贴收益及入股分红收益等诸多收益无法保障，而当土地被征收时，这种收益损失会更大。

第二节　二轮承包到期后承包地调整面临的挑战

一、二轮承包到期后，一些村庄仍有很大调地压力

实际上，承包地和宅基地仍然是集体成员能够从集体获得的主要好处，如果得不到集体土地的相关权益，成员与集体之间几乎没有经济利益关系可言，这与集体成员集体所有的农村土地所有制的内在要求相背离。比如，承包土地被征收时，一些村只给予承包户二轮承包期内的损失，一般按照每亩耕地的年租金及剩余的承包期限确定给承包户的补偿费，而余下的补偿费一般由集体掌握或者分配给全体成员。按照村集体的逻辑，耕地是集体的，农户只有二轮承包期内的经营使用权。二轮承包结束后，村集体自然会对土地进行重新分配。[88]更有许多村为了调和征地中的矛盾和征地补偿费分配中的纠纷，采用土地补偿费全体成员平均分配、承包地也重新分配的方式[89]，一旦不允许调地，这些村庄将产生新的矛盾。

此外，《农村土地承包法》规定，农民转让土地时，转让的是本轮土地承包期内的使用权，即到期后土地还要交还。如果二轮土地承包到期后按原状延包，那么已经转让的承包地如何处理就成为问题。可见，如果“一刀切”地禁止村集体调地，会引发很多矛盾。为了分析二轮土地承包到期后，能否实现土地原样延包，郑志浩和高杨对黑龙江、安徽、山东、四川、陕西五省 91 个乡镇 159 个村的 483 户农户进行了调查。他们发现，即使中央不断强调承包期内不得调地，

2011—2016年，仍有约16%的农户经历过土地调整，反对“不得调地”的农户占39.3%。[81]所以，二轮承包结束后，承包地依然面临很大的调整压力。[90]

二、“一刀切”地禁止调地，理论依据不足

一些学者试图用没有分到土地的农民数量占比、赞成到期调地的农民数量占比来判断第二轮土地承包到期后是否应当允许调地。且不说各学者调研的结论存在极大差别[91]，即使没有差别也不能据此确定是否应当允许集体调地。我国村落之间差别很大，用全国或全省范围内的抽样调查资料来进行形势研判难免遮盖一些村庄的特殊情况。更关键的是，集体农地为集体成员集体所有。政府虽然可以介入农地承包事务，但只能基于保护公共利益、保护少数弱者的基本权利、保护大多数人的利益和维护法律秩序的目的，除此不能随意限制集体的自由决策。调地作为村庄的重大事务应由村民大会或村民代表大会讨论决定。

一些学者认为调地中的矛盾冲突太多，且带来的收益小于成本，调地不具有经济合理性。实际上，许多村庄的调地矛盾是由于对“承包期内不得随意调整农户的承包地”“承包关系要长期稳定”等政策的机械理解引起，部分人认为中央绝对禁止调整土地。实际上，中国农民自古就有均分土地的诉求，在集体所有制下，定期均分土地是绝大多数农户能接受的。但在不准调地的舆论下，村里一旦启动调地程序，那些应当调出土地的家庭就会出来反对，他们利用国家政策公开反对或者消极抵抗调地，这自然会增大村里调地的难度。[92]实际上，调地成本高低与村民对土地集体所有制的认识、无地少地农户数量的多寡、村干部的领导和行动能力等有关，各村之间差别会很大，政府和学者难以给予准确的预估。此外，学者们的“调地会造成耕地细碎化”的观点并不客观，南方一些地方恰恰借助调地的机会实现了“一户一块田”，有效解决了各户承包地的零碎问题。

农村土地主要归集体成员集体所有，这种所有制决定了成员土地

承包经营权的非永久化。每轮承包到期后，各村的承包地都面临调整与否的抉择。第三轮土地承包时进行土地调整，也能找到制度依据。《土地管理法》规定，集体所有的土地不属于个人或农村集体组织之外的团体，农民集体拥有土地的所有权，集体将承包地承包给集体成员，集体成员就拥有了承包经营权。

基于市场经济发展的需要，农业主要经营主体——农户的土地产权必须稳定，所以国家不断强调家庭承包制度要稳定；农村土地制度又经历了由“两权分离”到“三权分置”的改革，在改革过程中不断强调土地承包期内“增人不增地、减人不减地”的原则。但是在现行法律体制下，我国农村土地所有权主体空缺，特点不清楚，具体的属性不明朗，尤其在农业税取消后，村集体权能更加削弱。换言之，集体拥有名义上的土地所有权，但土地处置权能低，土地收益权也渐渐被架空，这就使农村集体土地的所有权被进一步削弱，同时加重了村集体所有权权能的残缺。但是我国集体土地的发包是按成员权的逻辑展开的，根据此逻辑，只要是集体成员就应该享有分得集体承包地的权利，但如果村集体无法行使土地调整职能，集体新增人口将很难再分得承包地。

我国现行的农村土地产权制度下，农地所有权的主体是农村集体，承包经营权人为农地用益物权的主体，但现实中农地用益物权人在行使权利时往往会受到政府的规制。从本质上看，政府成了农地权利的最终控制者。“农村集体”只是名义上的所有者，集体成员农民的土地权益都由法律界定，致使土地权利人——包括作为所有者的集体和作为成员的农民——的权利诉求难以实现。简言之，村集体成为地方政府的派出机构，起着上传下达的作用。由于集体在土地承包方面的决定权能不足，只能扮演决策执行者的角色，重大事情的决策完全听命于上级政府。

家庭承包制的产生可以说是一种典型的自下而上的制度变迁模式，是基于农民在实践过程中自发的利益诉求，而政府只是将农民的利益诉求制度化和规范化，家庭承包制度因此获得了巨大成功。土地承包期内“增人不增地、减人不减地”政策和二轮承包到期后土地继续延包 30 年的政策则多是自上而下产生的，削弱了集体权能。若制定“一刀切”的政策既不科学也无效率，基于土地集体所有，那么应该赋予村集体充分的权能，允许各个地方根据不同的情况作出相应的方案，真正做到尊重农民集体的自主决策权。

三、人地不均的矛盾并非只能通过调整承包地解决

土地调整必然会影响农业经营者的正常经营，所以尝试采用多种手段避免调地、减缓调地带来的负面影响非常必要。

目前政策倡导的方法是：在村民原有承包地不收回的情况下，利用村里的机动地给新增人口的家庭补划承包地。郑志浩等调查发现，2011—2016 年，有 28.98%的受访农户发生了家庭人口变动，其中，15.94%的农户净增加了人口，户平均增加人口 1.45 人。[81] 据此测算，人口增加的幅度为 15.94%×1.45=23.113%。而我国各省份的集体耕地中，除新疆维吾尔自治区以外，机动地的占比均低于 8%。可见，依靠机动地难以满足大多数村庄新增人口的调地需要。实际上，由于农地经营效益不高，人地不均引发的各户间的人均收益差别并不大①，所以矛盾并不突出。

但在征地时，无地和少地农户的不公平感会增强。根据 2018 年《全国农业经营统计资料》计算，我国平均征地补偿标准为 3.66 万元/亩（一般省份的平均征地补偿费在 3 万～8 万元/亩）。所以，按全国平均补偿水平测算，某村土地被征收时，无地和少地农户每少 1 亩承包地，征地补偿就将少 3.66 万元，如此大的收益差别自然会引发矛盾。但这种矛盾可以利用集体掌握的征地补偿款来消减。在被征收的土地中，除了农户的承包地外，往往还有集体掌控的土地（如田间道路、未利用地等）。所以集体能够掌握相当一部分土地补偿费（从全国平均来看，2018 年集体掌握了征地补偿费的 62.09%），完全可以利用这些征地补偿费的再分配来调节人

① 各省农业支持保护补贴基本在每亩 100 元左右，每亩的土地流转收益一般在 300～1 000 元，按照人均 1.5 亩来算，没有分到承包地的人每年的收益差别为 1 200 元左右。

地不均而引发的农户间收益不平衡问题，从而减轻甚至消除调地的压力。

总之，全国各地的村庄千差万别，如果“一刀切”地禁止土地调整，可能使百姓合理诉求受到压制，从而留下影响社会和谐稳定的隐患。政府应鼓励各村探索调利不调地的模式来处理人地不均问题。在农业经营收入占农户总收入比重很低的村落，调地对于无地少地农户的增收和生存保障意义不大，所以应尽量避免大调整。确有调地需要的，可以进行小调整。如，要求举家迁往外地、无法自己耕作的农户，必须在一定期限内将承包地转让，否则按一定标准由集体收回，另行发包给村内人均耕地少的家庭。再比如，承包地不作调整，但对承包地被征收时的土地补偿费的分配和使用的方式作出调整。若人少地多家庭的土地被征收后，其人均耕地仍高于集体平均水平，不给予土地补偿费；若被征收后，家庭人均耕地少于集体平均水平，则给予其短缺面积的补偿费，同时，利用集体掌握的土地补偿费弥补无地和缺地农户在土地征收中的损失。总之，要充分调动集体成员和基层政府工作人员的积极性和创造性，引导集体组织有序而灵活地开展第三轮土地承包，杜绝简单的“一刀切”模式，缓和第三轮土地发包中的矛盾和冲突。

第三节　不调整土地的利益影响及其平衡机制分析

承包地不调整会导致人多地少农户的直接或间接利益受损，其中农业经营或出租收益和土地被征收时的补偿安置收益是影响家庭收入的两个主要方面。本部分以河北省的农业经营或出租收益以及土地征收情况为例，具体探索人多地少农户的收益损失。

一、农业经营或出租收益方面的影响

河北省是全国粮食主产省之一，农户承包地的主要用途是种粮，包括种小麦或种玉米。2019 年河北省小麦年产值为 1 107 元/亩，玉

米年产值为 967.01 元/亩；小麦的物资与服务费用[①]为 518.93 元/亩，玉米的物资与服务费为 372.56 元/亩。在不计算人工成本和地租成本的情况下，小麦年纯收益平均为 588.07 元/亩，玉米年纯收益平均为 594.45 元/亩。河北省平原地区种粮一般为一年两茬（小麦+玉米），在不计算人工成本和地租成本的情况下，平原地区种粮纯收入为 1 182.52元/亩[②]。山区、坝上地区因受气候、地形等条件的影响，以玉米种植为主，辅之马铃薯、甘薯等薯类作物或其他农作物种植，一年一茬，年亩均纯收益在 500～800 元。除了农地经营收益，持有农地的农户还可以获得农业支持保护补贴，河北省各地农业支持保护补贴略有差异，但都在 100 元/亩左右。按照河北省人均耕地 1.4 亩计算，农户每少一个人的地则少收入 840～1 795.53 元。在农地流转情况较多的地区，无地少地引发的损失可以由地租水平反映出来。受地形地貌、种植条件等多种因素影响，平原、山区、丘陵、坝上等不同区域土地流转价格差异较大，根据魏百刚等对河北省 474 个土地转出方的调查，2015 年平原地区土地平均流转价格为 920 元/亩，山区为 728 元/亩，丘陵为 397 元/亩，坝上为 245 元/亩[93]，土地流转价格在 245～920 元/亩，因此农户每少一口人的地，少获得地租收益 343～1 288元。可见，无地少地给农户带来了一定的农业经营或出租收益的损失。

二、土地征收时补偿安置方面的影响

土地征收需要给予被征地农民合理补偿，被征土地越多的家庭能够获得的补偿安置费越高。河北省各市 2015 年征地区片补偿价平均为 6.70 万元/亩，最高为 45 万元/亩（石家庄市），最低为 3.73 万元/亩（张家口市）。按照河北省规定的土地征收补偿费在集体和承包户之间

---

① 物资与服务费用包括种子费、化肥费、农家肥费、农药费、农膜费、租赁作业费、机械作业费、排灌费、工具材料费等直接费用，以及固定资产折旧、保险费等间接费用。

② 年收益（1 182.52 元/亩）等于产值减去物资与服务费用，这里不扣除人工成本和地租成本，考虑到河北省农户主要是自己劳作，所以不将人工费用作为成本扣除（即工资也是农户种地收入的一部分）。

的分配比例计算，2015 年被征农户平均每亩地可得到征收补偿款 5.36 万元，每亩最高可达 36 万元，最低有 2.99 万元（表3－1）。可见，在征地时，人多地少家庭的收入损失非常明显。

表 3－1　2015 年河北省各市征地区片补偿价

单位：元/亩

地区	平均	最高	最低
河北省	67 038	450 000	37 314
石家庄市	90 468	450 000	43 800
唐山市	83 052	189 000	63 000
秦皇岛市	66 022	300 000	45 000
邯郸市	71 047	220 000	52 000
邢台市	59 910	225 000	47 400
保定市	70 462	306 700	53 600
张家口市	51 533	216 000	37 314
承德市	66 893	170 000	48 000
沧州市	59 329	175 000	50 460
廊坊市	86 428	172 800	65 300
衡水市	58 260	171 000	45 000

资料来源：河北省人民政府官网。

三、土地不调整情况下的利益平衡机制分析

在第三轮土地承包时不对土地进行调整有其优势，即稳定的土地承包关系对承包地经营权流转、形成规模经营并最终实现土地利用方式转变都有好处，但无论是从地权公平性、土地调整的现实功能还是实际土地权益考虑，不进行土地调整都会引起负面影响，因此要对第三轮土地承包可能的调整方式进行探讨，尝试采用多种手段尽可能避免对承包地进行大范围调整、减少调地带来的负面影响。

（一）利用机动地缓解人地矛盾

在充分尊重村庄自治的前提下优化农地的配置机制，通过集体保留的机动地保障无地农民承包权益。机动地是为了解决集体内部因人口变化、自然灾害、征地等情况引发的人地矛盾问题而预留的土地。集体经济组织可以利用机动地解决农户的人地失衡问题，在村民原有承包地不收回的情况下，利用村里的机动地给有新增人口的家庭补划承包地，解决人地矛盾、保障未来新增人口的基本生活权利。机动地来源主要包括集体预留的机动地、新开垦的土地、农民有偿退出的承包地。

在实践中，集体机动地的分配和使用存在许多问题。有些集体在发包耕地时并没有预留机动地，部分存留机动地的集体并没有发包给无地少地农户用于缓解人地矛盾。有些村集体为了增加集体收入，将预留的机动地以招标、拍卖、协商等方式承包出去以获取利益，这样一来，新增人口不能通过机动地获得承包地、土地权益受损。虽然机动地可以发挥一定的调节人地矛盾的作用，但我国的集体机动地存量极少。2015 年我国各省份的集体耕地中机动地的占比均低于 8%（新疆除外），其中 16 个省的机动地占比小于 1%，8 个省的机动地占比为 1%～2%；河北省机动地面积约 103.4 万亩，占比 1.23%，其中有 6 个市的机动地面积占比不到 1%。可见，机动地能发挥的调节人地矛盾作用有限，难以满足大多数村庄新增人口的调地需要，但在第三轮土地承包时可将机动地作为一种人地矛盾的调节方式，优先解决人地矛盾严重的农户承包地问题。

（二）完善承包地退出和再分配机制

收回符合一定条件承包户的承包地以及鼓励农户有偿退出承包地，然后将土地分配给留村的无地少地农户。户口举家迁出的原集体成员已经不属于本集体成员，若该人群不退出其承包地，还是会占用本集体土地资源，因此应当建立和完善承包地有偿退出机制。例如在第三轮土地承包时，要求举家迁入外地的、无法自己耕作的农户，按一定的补偿标准（如按年产值的 10 倍，分 10 年给清）由集体收回，另行发包给村内人均耕地最少的家庭，直到其人均耕地达到全村平均水平后，再分给人均耕地次少的家庭。

总之，要正确分析不在村农户的承包地问题以及针对这些问题制定承包地退出和再分配政策，有效利用这些耕地缓解人地矛盾。

第四章

河北省第三轮土地承包方式探索

第二轮土地承包到期后是否调整承包地除考虑中央政策精神外，还要尊重农民的自主性。通过调查了解农民的诉求，分析判断农民主要关心的问题，探索在农地产权基本稳定的情况下平衡各种农户间利益关系的手段十分必要。

第一节　农户第三轮承包时调地意愿的分析

一、问卷设计及数据获取

本部分主要研究河北省第三轮土地承包的方式方法，因此要了解河北省各市农户承包地情况，并对农民的调地意愿进行问卷调查。调查问卷分为农户问卷和农户所在村问卷两种。

农户调查问卷分三部分：第一部分是农户的个体特征，包括被访户的性别、年龄、文化水平、家庭主要收入来源、是否为村干部、最近一次分地后的家庭人口变动情况等；第二部分是被访农户的家庭承包地情况，包括现有承包地面积、块数、用途、灌溉情况、土地流转情况等；第三部分是承包地调整意愿，了解农户对承包地调整以及对“一户一块田”“确权确股不确地”等土地经营方式的态度。村问卷分为两部分：第一部分是样本村的基本情况，包括村人口特征、村与县城的距离、村民主要谋生方式、耕地种植结构、征地情况、村办企业情况；第二部分是样本村土地二轮承包的情况，包括二轮承包开始时间、二轮承包方式、二轮承包时存留机动地情况以及二轮承包期内承包地调整情况。

由于各地经济发展水平不同，为更好了解河北省农户承包地情况、经营情况及其诉求，课题组于2020年寒假对河北省10市共19个村的241户农户进行实地走访调研，这10市涵盖了张家口、承德、唐山、秦皇岛、沧州、衡水、保定、石家庄等地区，各自然地理类型区均有分布。

二、样本村概况

（一）样本村基本情况

1. 村人口特征

此次调研的农户共涉及19个村，包括承德市兴隆县六道河镇六道河村、石家庄市栾城县南高乡岳家庄村、辛集市辛集镇安古城村、辛集市王口镇文朗口村、辛集市新垒头镇吴家庄村、沧州市沧县大官厅乡马院村、承德市平泉县卧龙镇赶瀑河子村、邢台市沙河县十里亭镇西葛泉村、沧州市泊头市王武庄镇建昌店村、廊坊市大城县大尚屯镇阜草村、唐山市遵化县侯家寨镇罗文峪村、承德市宽城满族自治县板城镇下板城村、承德市围场满族蒙古族自治县杨家湾乡常乐店村、石家庄市鹿泉区上寨乡南寨村、保定市徐水区高林村镇南庄头村、保定市莲池区韩庄乡东良村、承德市滦平县张百湾镇下洼子村、秦皇岛市青龙满族自治县大石岭乡榆树沟村、武安市伯延镇龙泉村。19个村中，村户数最多为1 040户，最少为150户，平均户数为472户；村人口数最多5 206人，最少405人；平均人口数1 848人，村户均人口数3.9人（图4-1）。

2. 村与县城的距离

19个村中，与县城距离为0～10公里的村占比最高，为42.11%，共有8个村；其次是距离10～20公里的村，占比26.32%，共有5个村；距离县城20～30公里和30公里以上的村各有3个，均占比15.79%（图4-2）。

3. 村民主要谋生方式

调查发现，在县城内打工是绝大多数农户的谋生方式，占比达57.89%，在县城打工的农户所在村与县城的距离大多在20公里以

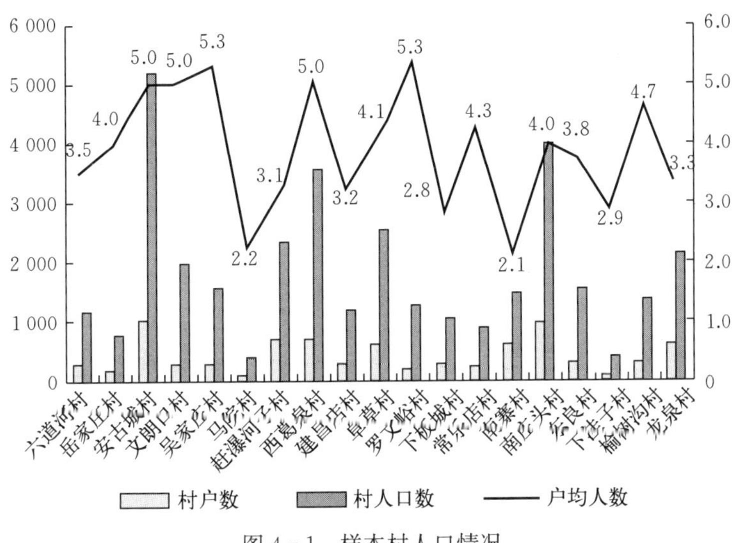

图 4-1　样本村人口情况

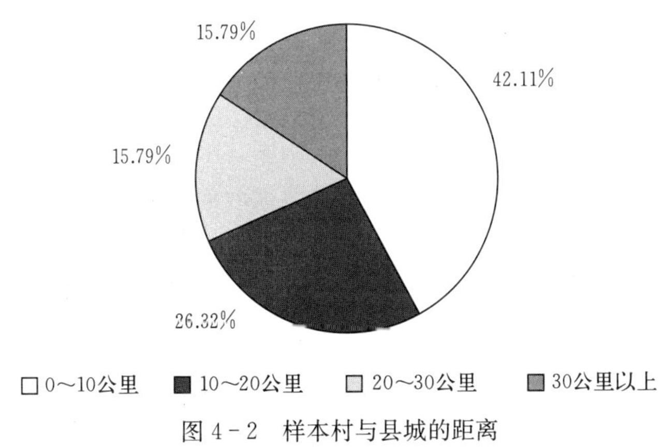

图 4-2　样本村与县城的距离

内；以种地为主要谋生方式的农户占比第二，为 26.32%，说明农业种植带来的收入对部分农户仍很重要；以在县城外打工为主要谋生方式的农户占比第三，为 10.53%，他们所在的村与县城的距离为 20～30 公里；占比最低的谋生方式是自己经营非农业，只有一个村的村民以此为主要谋生方式（图 4-3）。

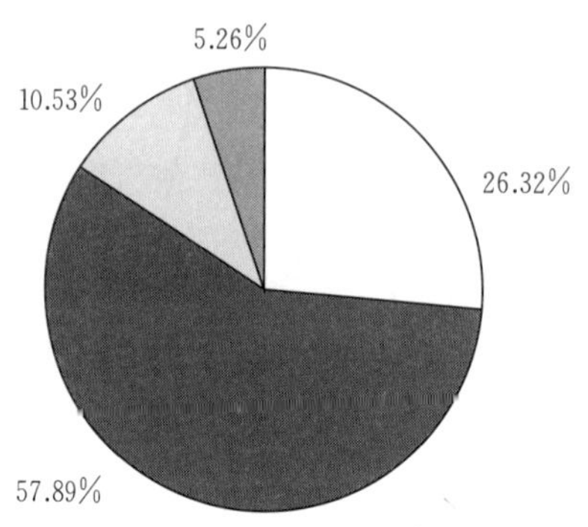

图 4－3 样本村村民主要谋生方式

4. 耕地种植结构

通过调研 19 个村的耕地种植结构发现，大部分村以种植玉米和小麦为主，一年两茬，这些村大多分布在平原地区，种植条件良好；只种植玉米的村有 6 个，占比排第二，这些村大多受到灌溉条件等影响，一年只能种植一茬，以承德和秦皇岛地区为主，且承德有部分村种植大豆、谷子等杂粮杂豆；除此之外，唐山有一个村以种植板栗为主，辛集一个村的耕地被政府租用，搞绿化（表 4－1）。在这 19 个村中，除了辛集市辛集镇安古城村的耕地被政府租用作绿化，其他村承包地的主要经营方式还是以农户自己经营为主，流转给合作社、家庭农场、企业经营的较少。

表 4－1 样本村耕地主要种植结构

主要种植作物	地域	比重（%）
玉米、小麦	石家庄、辛集、邢台、沧州、保定、邯郸 9 个村	47.3
玉米	承德、秦皇岛、沧州、廊坊 6 个村	31.6
玉米、大豆、谷子、栗子	承德 2 村	10.5
板栗	唐山 1 村	5.3
政府绿化	辛集 1 村	5.3

5. 征地情况

共有10个村发生了征地行为，占比52.63%；有9个村没有发生征地行为，占比47.37%，二者基本持平。

6. 村办企业情况

有3个村有自己的企业，分别是车床厂（沧州）、机械铸造厂（保定）和糠醛厂（邯郸），这3个村与县城的距离都在10公里以内，且村民的主要谋生方式是在县城内打工。可见，区位因素会影响村内是否有工厂，同时一定程度上也会影响农户的就业结构。

（二）样本村土地二轮承包情况

1. 二轮土地承包开始时间

19个样本村中，在1997年和1999年开始二轮土地承包的村最多，共有10个村，占比52.6%，这与国家政策的二轮土地承包时间相符（表4－2）。

表4－2 样本村第二轮土地承包开始时间

二轮土地承包开始时间	频次	比重（%）
1999年	5	26.3
1997年	5	26.3
1998年	4	21.1
1995年	2	10.5
1996年	2	10.5
2000年	1	5.3

2. 二轮土地承包方式

二轮土地承包方式中，继续原样延包没有调整土地的村最多，共有10个，占比达52.6%；对承包地进行大调整的村有5个，占比26.3%；对承包地进行小调整的村有3个，占比15.8%；只对新增人口增加了承包地但是对减少人口没有收回承包地的村只有1个，占比5.3%。通过数据可以看出，在二轮土地承包时，不调整和小调整承包地是大趋势，但也有村借此机会对承包地进行大调整。在5个进行大调整的村中，4 个村在整个二轮土地承包期内没有再进行土地调整，只有 1 个村在二轮承包开始时调地且在后面的二轮承包期内进行了微调（图 4 - 4）。

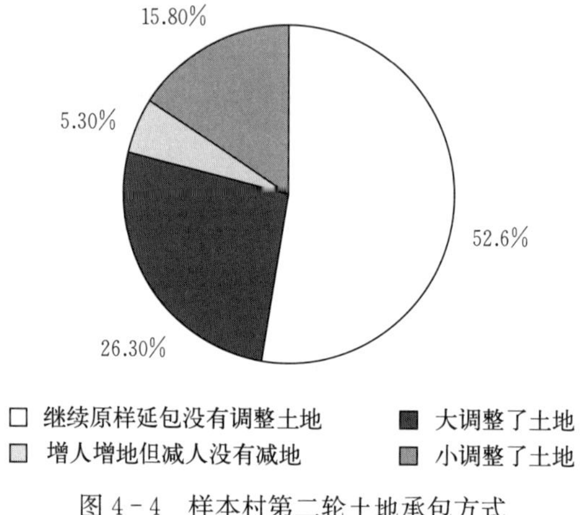

图 4 - 4　样本村第二轮土地承包方式

3. 二轮承包时存留机动地情况

19 个样本村中，只有 3 个村在二轮土地承包时存留有机动地，分别是石家庄市鹿泉区上寨乡南寨村（25 亩）、保定市徐水区高林村镇南庄头村（50 亩）、保定市莲池区韩庄乡东良村（60 亩），其他村的承包地全部分包到户。

4. 二轮承包期内承包地调整情况

有 4 个村在二轮承包期内进行了土地调整，调整方式都是局部小调整。可见，在二轮承包期内，这些村庄以不调或微调土地为主，这也顺应了国家不调地的大方向。

三、样本农户基本情况

（一）农户个体特征

1. 性别

根据统计数据显示，被调研的 241 户农民中，男性占总样本量的 64.3%，女性占总样本量的 35.7%，男性被访农民占比多于女性（图 4 - 5）。

2. 年龄

被调研农民年龄在60岁以上的占比最高，为38.2%；其次是51～60岁，占比为32%；50岁以下的受访农民占比29.9%。受访农民的年龄普遍偏大，说明留在村内的多以年龄较大的农民为主，年轻人大多选择外出择业（图4-6）。

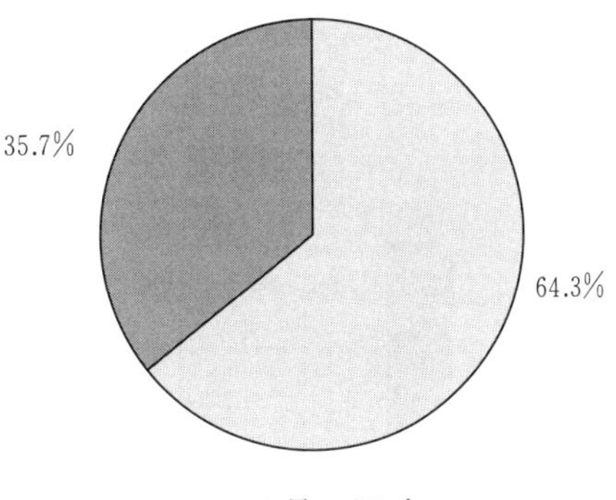

图4-5 受访农民性别比例

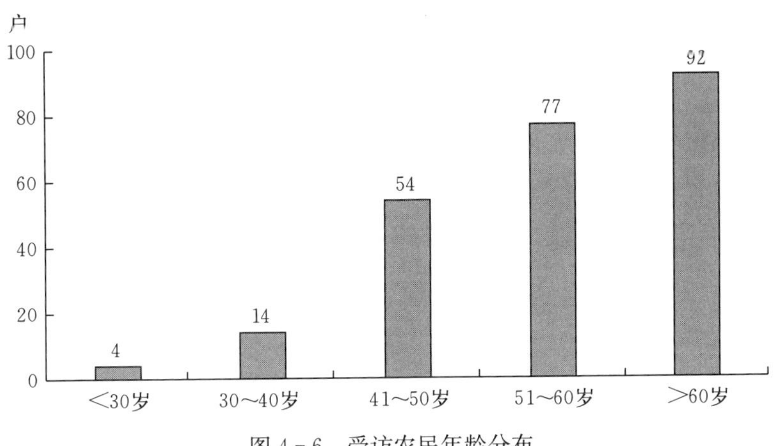

图4-6 受访农民年龄分布

3. 是否为村干部

在所有被访农民中，村干部共15人，仅占比6.2%。若被访农民是村干部，则政治觉悟会较高，对政策领悟能力较强，很大程度上影响调研结果走向。

4. 文化水平

受访农民初中文化水平者占比最高，为48.1%；其次是小学及以下文化水平者，为35.7%；高中及以上学历者只占16.2%。受访农民的文化水平普遍偏低（图4-7）。

5. 家庭收入的主要来源

被访农户收入主要来源仍以非农业为主，其中上班务工收入占比最高，为55.6%；其次是农业种植、养殖收入，占比38.2%；个体

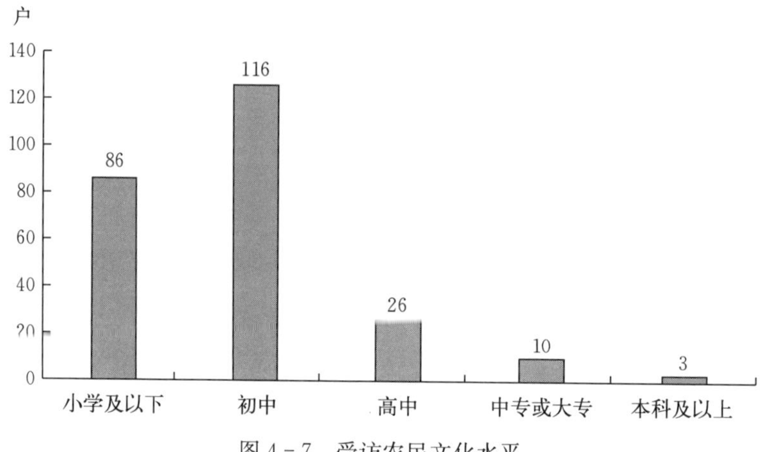

图 4-7 受访农民文化水平

经营收入占 6.2%。可见以工资为主要收入来源的农户占比较大，但是以农业为主要收入来源的农户仍占一定比例，这也是我国农民当前就业结构的缩影（表 4-3）。

表 4-3 受访农户家庭收入的主要类型

收入类型	频次	比重（%）
农业种植、养殖收入	92	38.2
上班务工收入	134	55.6
个体经营收入	15	6.2
总计	241	100.0

6. 家庭人口变动情况

被调研农户最近一次分地后的家庭人口变动情况以人口不变和增加为主，其中人口数不增不减的家庭共有 83 户，占比 34.4%，人口增加 1～4 人的占比 49.8%；人口减少的家庭中，人口减少数最多为 5 人，人口减少 1～5 人的家庭共 19 户，其中人口减少 1 人出现频次最高，为 10 户（图 4-8）。

（二）样本农户承包地情况

1. 人均耕地面积

农户的人均耕地面积受地域和分地政策影响。耕地多的村分地时的人均耕地面积会偏多，反之则偏少；同时，分地时有些农

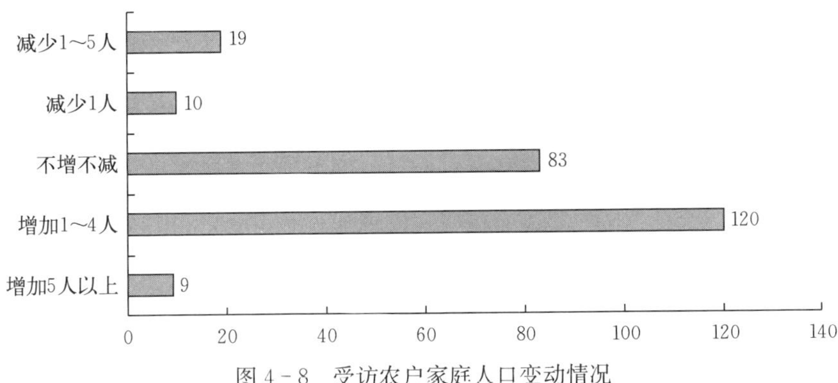

图 4-8 受访农户家庭人口变动情况

民不具备分地资格，也会影响该家庭的人均耕地面积，这导致户与户之间的人均耕地面积存在差别。在调研的 241 个农户中，人均耕地面积为 1.46 亩，人均耕地面积最多者为 3.67 亩，最少者为 0.25 亩，众数为 1 亩。

2. 地块数

拥有 4 块承包地的农户占比最高，为 17.4%；其次是有 2 块地和 5 块地的农户，共占比 31.5%。被调研农户承包地地块数平均为 4.35 块，最多地块数为 25 块，最少的为 1 块地，承包地地块数量整体偏多。

3. 承包地与住处的最远距离

承包地与住处的最远距离在 1.01～2 公里的占比最高，为 45.2%；其次是距离在 1 公里以下的，占比 32.4%；距离 2.01～3 公里的占比 7%；距离 3 公里以上的占比 5%（图 4-9）。可见，住处与承包地的距离较近，但在 1 公里以上的占比较多。农户耕种距离是影响农户调地态度的重要因素。

4. 耕地质量

耕地质量主要从是否有坡耕地以及承包地的可灌溉情况分析。在 241 户调查样本中，有 171 户农户没有坡耕地，占比 71%；29%的农户有坡耕地，农业种植便利度和收益受到一定影响。在承包地的可灌溉情况方面，被访农户承包地可灌溉率在 50%以下的占比达 47.8%，可灌溉率在 50%～80%的占比 6.2%，80%以上的占比 46.0%，可灌

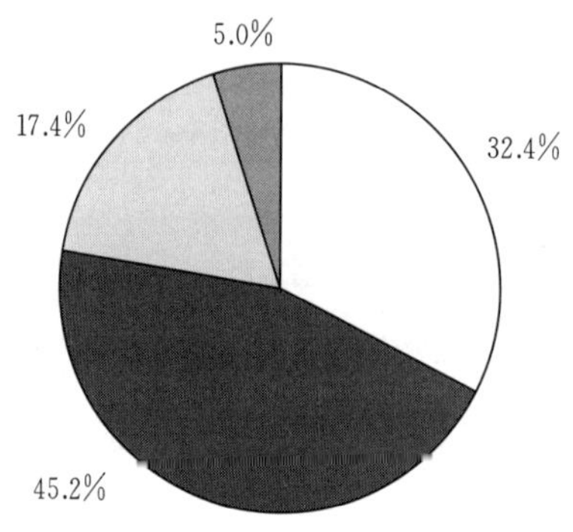

图 4-9　承包地与住处最远距离

溉情况呈两极分化态势（表 4-4）。

表 4-4　耕地质量

耕地质量	是否有坡耕地		可灌溉率		
	是	否	50%及以下	50%～80%	80%以上
比重（%）	29	71	47.8	6.2	46.0

5. 承包地的主要用途

农户承包地用途主要分为两类，一类是用于种植粮食作物（小麦、玉米、水稻等），另一类是用于种植经济作物（蔬菜、水果、苗木等）。根据调研数据可知，大部分农户以种植粮食作物为主，占比达 88%，以种植经济作物为主的农户只有 12%。

6. 土地流转情况

土地流转包括农户流入的土地和流出的土地。统计得知，被访农户有土地流转行为（包括流入和流出）的共 56 户，占比 23.2%，没有进行土地流转的农户占比 76.8%。发生土地流转的农户占比较低，农户仍以自己经营耕地为主。

四、农户第三轮土地承包的调地意愿

样本统计结果显示，所调研的 241 户中支持调地的农户有 196

户，占比 81.3%；不支持调地的农户共 45 户，占比 18.7%。大部分农户支持土地调整，是由多种因素综合作用导致的。农户个体特征、承包地现状等因素会对其调地态度造成影响，农户是否主张调地的决定因素仍是调地是否有利于农户自身利益，而农户家庭人口变动情况又直接影响农户的利益（受调地政策影响，在最近一次承包期内农户家庭人口增加导致农户家庭人均耕地面积减少，反之农户家庭人均耕地面积增加），因此要从“增人不增地、减人不减地”政策出发，从农户对“生不增、死不减”政策的态度与是否支持调地之间的逻辑关系进行判断。

按照正常逻辑，若农户支持“生不增、死不减”政策，则大概率会反对土地调整。调研数据显示，有 23 户被访农户主张“增人不增地、减人不减地”政策，也不支持第二轮土地承包时进行调地，这些农户的家庭人口大多在最近一次承包期内减少了。除了人口减少这一主导原因导致农户不主张调地以外，还有其他因素也会影响其态度。首先，有些农户认为调地会影响农地种植效率、农户对土地的投入和种植积极性，不利于农业生产。其次，有些农户认为应响应国家政策，国家鼓励对承包地不进行调整，那就不要调整了。还有农户认为，虽然有些村民在第二轮土地承包时没分到土地，但由于当时农业税还没有取消，这部分人没有承担交税义务，如果现在又分给他承包地，就造成了权利与义务的不对等（指过去没有缴纳过农业税的人不应享有承包地）。

若农户不支持“生不增、死不减”政策，则会倾向于支持土地调整。调研数据显示，有 105 户被访农户不认可“生不增、死不减”政策且支持在第三轮土地承包时对土地进行调整。他们认为，集体的地只要是集体成员就应该分得，即人地应对等。但这只是他们支持调地的表面理由，其背后的原因仍然是利益诉求。这些主张调地的农户的家庭人口大多在最近一次承包期内增加了，人口增加导致这类农户人均耕地面积减少，进而其农业收入受到影响。同时，这类农户认为调地会解决自家由于分户等原因带来的家庭纠纷。

有 93 户被访农户支持承包期内“生不增、死不减”，但认为第三轮土地承包时应该调地。首先，他们支持在承包期内不进行土地调整，这样有利于保证种植效率，但第二轮承包到期时承包时长也30年了，可借此机会对承包地进行调整。其次，这些农户希望能借调地契机将闲置的耕地更好利用起来，提高耕地利用效率。最后，这些农户认为可以借调地化解一些纠纷，即从主观（自身利益）出发是不想调地的，但出于客观（化解某些矛盾等方面）考虑最终还是倾向于支持调地。

有20户被访农户不支持"生不增、死不减"政策，但是也不想在第二轮承包期结束后对承包地进行调整（表4-5）。首先，该类农户在最近一次承包期内家庭人口数大多增加了，这是他们认为"生不增、死不减"政策不好的直接原因，但是有农户认为再怎么调也无法达到绝对公平，因为人口总是变动的，再加上调地成本高、调地过程烦琐，农民已经习惯了现有状况，担心调地可能会带来新的麻烦。其次，对于这类家庭而言，农业收入已经不再是家庭主要收入来源，因少地带来的农业种植收入损失对家庭总收入构不成多大影响，若不涉及征地，农户大多默许了现有情况。即使可能出现征地情况，由于征地是强制行为，农户也不能依据自身意愿左右土地调整行为，大多接受按现行政策处理。因此，该类农户从思想或者道德上认为应当调地，但出于客观因素（调地的实际执行难度）最终倾向于支持土地不再调整，如果有科学的比较容易操作的调地方式，他们可能会转变看法。

表4-5　农户调地意愿情况

农户意愿	频次	比重（%）
认可"生不增、死不减"政策，不支持调地	23	9.5
不认可"生不增、死不减"政策，支持调地	105	43.6
认可"生不增、死不减"政策，支持调地	93	38.6
不认可"生不增、死不减"政策，不支持调地	20	8.3

总之，对"生不增、死不减"是否合适的判断既是经济效率上的判断，也是价值观和道德观上的判断，农民对第二轮土地承包到期后是否调地的主张是基于调地的可行性和自身利益而综合考虑

的。造成这一结果的根本原因是在最近一次承包期内许多家庭的人口数增加或家庭发生了分户的情况，农户出于公平意识要求对土地进行调整。但是，农民也意识到在追求公平的情况下必须兼顾效率，若家庭人口增加较少，人地失衡矛盾并非特别突出，他们能全方位考虑调地的必要性。“调”是基于公平考虑，“不调”是基于效率考虑，农民会在二者之间寻求平衡。同时，人口变动只是影响农户对于调地态度的直接原因，除此之外，还要考虑其他影响农户调地意愿的因素。

第二节　影响农户第三轮承包时调地意愿的因素分析

一、Logistic 回归模型的选择

Logistic 回归模型是一种解决因变量为分类变量问题的概率模型。作为一种常用的统计方法，Logistic 回归模型由单个或多个连续型或离散型自变量来分析和预测离散型因变量的多元分析方法，适用于因变量为二分变量的回归分析，是分析个体决策行为的理想模型。农户是否支持土地调整是一个二分变量，取值有两个，即支持和不支持，因此本部分的研究采用二项模型 Logistic 分析农户是否支持调地及其影响因素。[94]在二分类的 Logistic 回归模型中，因变量 Y 服从二项式分布，取值只有 1 和 0，1 表示事件发生，0 表示事件不发生。假设在自变量 x_i（$i=1, 2, \cdots, m$）的作用下，Y 取 1 的条件概率为 $p=p(Y=1 \mid x_i)$，Y 取 0 的概率为 $1-p$，则模型表示的就是事件发生的概率 p 与自变量之间的非线性关系。Logistic 模型的具体表达式为

$$p_i = p(y_i = 1 \mid x_1, x_2, x_3, \cdots, x_m) = \frac{\exp(\alpha + \sum_{i-1}^{m} \beta_i x_i)}{1 + \exp(\alpha + \sum_{i-1}^{m} \beta_i x_i)} \quad (4-1)$$

经过对数变化，上述模型转换为

$$\ln\left(\frac{p_i}{1-p_i}\right)=\alpha+\sum_{i=1}^{m}\beta_i x_i \qquad (4-2)$$

式中，p_i 为农户支持调地的概率，$p(y_i=1 \mid x_1, x_2, \cdots, x_m)$ 为存在系列自变量 x_1，x_2，…，x_m 时支持调地的概率，$1-p_i$ 为农户不支持调地的概率；x_i 为解释变量，β_i 为第 i 个解释变量的影响系数，α 为常数项。

二、变量的选取与说明

因变量的选取。本章选取的因变量为农户是否支持调地，因变量 Y 取值为 1 时表明农户支持调地，Y 取值为 0 时表明农户不支持调地。

自变量的选取。农户对是否支持调地的态度受较多因素影响，模型构建前要对可能会影响农户调地态度的因素进行分析。本章将可能影响农户调地态度的 15 个自变量分为三大类，即农户特征、承包地特征、村级特征（表 4－6）。农户特征包括受访农民的性别、年龄、是否为村干部、文化程度、家庭收入主要来源，以及最近一次分地后受访农户的家庭人口变动情况。承包地特征包括受访农户家庭最近一次分地时的人均耕地面积、承包地地块数、承包地与住处的最远距离、是否有坡耕地、承包地可灌溉情况、耕地的主要用途以及是否有土地流转行为。村级特征主要包括调研农户所在村与县城的距离以及该村是否有征地情况。

这些变量对于第二轮土地承包时农户是否支持调地的影响大小和影响方向是不同的。一般来说，女性会主张调地。由于出嫁后女性事实上失去了对娘家承包地的占有和使用权，所以会偏向于调地，以获得婆家所在村的承包地。年龄越小的村民可能越不愿意调地。年龄越小参与农地种植活动越少，是否调地对他们影响较小；年龄越大参与种植活动越多，对耕地的要求就越高，越可能期望通过耕地的调整满足种植的需要。村干部相比非村干部可能更不愿意调地，这是出于村干部对上级政策的响应及对调地工作困难性的考虑。文化程度越高的农户可能调地的意愿越低，其就业的非农化率相对较高、对耕地的依赖程度相对较低，不愿意进行烦琐的调地。家庭收入主要来源以农业为主的农户较为依赖土地，可能更倾向于对土地进行调整；以工资性收入为主的农户则倾向于不调整土地。关于最近一次分地后的家庭人口变动情况，农户家庭人口增加越多会导致家庭人均耕地面积越少，越倾向于调地，该项变量应是农户对调地态度的重要影响因素。同时，通常最近一次分地时的人均耕地面积越多的家庭越不愿意调地。承包地地块数越多，农户越想将承包地整合，越倾向于调地。耕地与农户的住处距离越远，农户越倾向于调地以方便种植。农户的承包地是否有坡耕地也会对其调地主张产生影响，有坡耕地的农户倾向丁支持调地以整合土地、便于种植。承包地可灌溉率越高，耕地质量越好，农户则可能越不想调地。耕地主要用途也会影响调地愿望，经营经济作物的农户可能更不愿意调地。土地流转了的农户可能偏向于不调地，因为签订了土地流转合同，再调地比较麻烦。村庄与县城的距离越远，开发的可能性越低，土地的价值越低，农户的调地意愿就会越低。村里是否发生过征地也会对村民调地意愿产生影响，有征地情况的村因为利益协调困难可能更倾向于不调地。

表 4-6　各影响因素具体变量说明及预期结果

变量特征	变量	变量说明	预期结果
农户特征	性别（x_1）	0=女；1=男	－
	年龄（x_2）	1=30 岁以下；2=30～40 岁；3=41～50 岁；4=51～60 岁；5=60 岁以上	－
	是否是村干部（x_3）	0=否；1=是	－
	文化程度（x_4）	1=小学及以下；2=初中；3=高中；4=中专或大专；5=本科及以上	－
	家庭收入主要来源（x_5）	1=农业种植、养殖收入；2=上班务工收入；3=个体经营收入	－
	家庭人口变动情况（x_6）	实测数据	＋

（续）

变量特征	变量	变量说明	预期结果
承包地特征	分地时的人均耕地面积（x_7）	实测数据	−
	承包地地块数（x_8）	实测数据	+
	承包地与住处的最远距离（x_9）	1＝1 公里以下；2＝1.01～2 公里；3＝2.01～3 公里；4＝3 公里以上	+
	是否有坡耕地（x_{10}）	0＝否；1＝是	+
	承包地可灌溉率（x_{11}）	1＝50％及以下；2＝50.1％～80％；3＝80.1％～100％	−
	耕地主要用途（x_{12}）	1＝粮食作物；2＝经济作物	−
	是否有土地流转行为（x_{13}）	0＝否；1＝是	−
村级特征	村与县城的距离（x_{14}）	1＝10 公里及以下；2＝10.01～20 公里；3＝20.01～30 公里；4＝30 公里以上	−
	村是否有征地情况（x_{15}）	0＝否；1＝是	−

三、模型的运行及结果分析

（一）多重共线性检验

多重共线性指自变量之间可能会存在的线性关系，Logistic 回归模型参数估计容易受解释变量间共线性的影响，因此在用 Logistic 模型分析数据前通常会对多重共线性进行检验。若自变量之间存在相关关系，则会导致回归的结果有误，无法得到正确的解释。为减少变量共性的影响，有必要对各变量进行共线性检验，本书选取 15 个变量来分析农户是否支持调地的影响因素。[95]

本书运用 SPSS 软件对建立的 Logistic 模型进行回归分析。一般而言，多重共线性的检验结果是通过查看容忍度（Tolerance）的大小、方差膨胀系数（*VIF*）的数值范围来判断。一般认为，方差膨胀系数（*VIF*）＞10，则变量间存在共线性；容忍度（Tolerance）＜0.5，则变量间存在共线性。根据运行结果，15 个变量的 *VIF* 值都接近 1，小于 5；容忍度（Tolerance）的最小值为 0.560，大于 0.5，可以判定解释变量之间不存在共线性，不需要对自变量进行剔除和整合，可以保留15个自变量进行分析（表4-7）。

表4-7 多重共线性检验

自变量	容忍度（T）	方差膨胀系数（VIF）
性别	0.890	1.124
年龄	0.827	1.209
是否为村干部	0.898	1.113
文化程度	0.773	1.294
家庭收入的主要来源	0.943	1.061
最近一次分地后家庭人口变动情况	0.961	1.040
分地时的人均耕地量	0.802	1.246
承包地地块数	0.697	1.435
承包地与住处的最远距离	0.888	1.126
是否有坡耕地	0.560	1.786
承包地可灌溉情况	0.622	1.609
耕地主要用途	0.880	1.136
是否有土地流转行为	0.910	1.098
村与县城的距离	0.840	1.191
村是否有征地现象	0.769	1.300

（二）模型拟合度检验

对整体模型系数显著性和适配性进行检验，以判断该模型是否能够用来研究分析问题。本书选取Omnibus检验和霍斯默-莱梅肖检验（Hosmer and Lemeshow，H-L）两种方法进行拟合度检验。

1. 整体模型系数显著性检验

表4-8 模型系数的Omnibus检验结果

	卡方	自由度	显著性
步骤	104.602	31	0.000
块	104.602	31	0.000
模型	104.602	31	0.000

该模型 Omnibus 检验结果：由自变量建立的 Logistic 模型的适配度检验的卡方值等于 104.602，$p=0.000<0.05$，达到显著水平。表明投入的 15 个自变量中至少有一个自变量可以有效地解释与预测样本在农户是否支持调地意愿的影响因素中有无分类结果。[91]

2. 整体模型适配性检验

表 4-9　霍斯默—莱梅肖检验结果

步骤	卡方	自由度	显著性
1	5.595	8	0.692

如果 H-L 检验值未达到显著水平，表示模型适配度较好。采用 H-L 对回归模型整体适配度的检验结果表明，卡方值为 5.595，$p=0.692>0.05$，未达到显著水平，整体回归模型的适配性较好，表示自变量可以有效预测因变量（表 4-9）。

通过 Omnibus 检验和 H-L 检验以及预测准确度达到 80.8%（表 4-10）可以得知，本书构建的 Logistic 回归模拟的模型拟合度最佳，其回归效果能较好地反映农户对是否支持调地的影响因素情况。

表 4-10　关于农户是否支持第三轮承包时按现有家庭人口调地态度的预测准确度

实测	预测		预测准确度
	不支持	支持	
不支持	0	44	0.0
支持	0	185	100.0
总体			80.8

（三）回归结果分析

表 4-11　回归结果分析

自变量	B	显著性	Exp（B）
性别（x_1）	1.649	0.004	5.204
年龄（x_2）		0.439	
年龄（1）	1.167	0.491	3.212

（续）

自变量	B	显著性	Exp（B）
年龄（2）	−0.500	0.717	0.606
年龄（3）	−0.059	0.966	0.943
年龄（4）	0.831	0.572	2.297
是否是村干部（x_3）	−1.346	0.173	0.260
文化程度（x_4）		0.696	
文化程度（1）	−0.070	0.913	0.932
文化程度（2）	−0.794	0.369	0.452
文化程度（3）	1.266	0.348	3.548
文化程度（4）	−0.556	0.779	0.574
家庭收入主要来源（x_5）		0.001	
家庭收入主要来源（1）	−3.900	0.000	0.020
家庭收入主要来源（2）	−1.795	0.262	0.166
家庭人口变动情况（x_6）	0.662	0.000	1.938
分地时的人均耕地量（x_7）	−0.817	0.064	0.442
承包地地块数（x_8）	0.266	0.044	1.305
承包地与住处最远距离（x_9）		0.063	
承包地与住处的最远距离（1）	1.586	0.012	4.886
承包地与住处的最远距离（2）	1.228	0.127	3.415
承包地与住处的最远距离（3）	2.678	0.090	14.559
是否有坡耕地（x_{10}）	−1.608	0.032	0.200
承包地可灌溉率（x_{11}）		0.545	
承包地可灌溉率（1）	0.304	0.805	1.355
承包地可灌溉率（2）	−0.613	0.377	0.542
耕地主要用途（x_{12}）	−3.232	0.001	0.039
是否有土地流转行为（x_{13}）	1.380	0.043	3.975
村离县城的距离（x_{14}）		0.001	

（续）

自变量	B	显著性	Exp（B）
村离县城的距离（1）	−4.077	0.000	0.017
村离县城的距离（2）	−3.080	0.002	0.046
村离县城的距离（3）	−0.723	0.419	0.485
村是否有征地现象（x_{15}）	0.228	0.690	1.256
常量	4.994	0.013	147.503

在上述指标中，B代表自变量的回归系数，正负符号表明它们与农户调地的态度是正比还是反比关系；本书考虑在0.05和0.1的水平对影响因素的显著性进行判断。从表4-11中可以看出，在10%的显著性水平下，性别、家庭收入的主要来源、家庭人口变动情况、承包地地块数、承包地与住处的最远距离、是否有坡耕地、耕地的主要用途、是否有土地流转行为、村离县城的距离、分地时的人均耕地量这10个影响因素通过显著性检验，其余5个影响因素未通过检验。

1. 农户特征对农户调地意愿的影响

从农户的个体特征来看，性别（x_1）、家庭收入主要来源（x_5）、家庭人口变动情况（x_6）通过了5%的显著性检验。

性别与农户是否支持调地呈正相关关系，男性较女性更愿意调地，这与预判的方向相反，可能是由于调研的男性样本多于女性，同时女性农民可能对自身的权益维护意识较差而对家庭整体的利益更为关注，所以考虑调地问题时会从家庭整体利益出发来进行选择。家庭收入主要来源通过了5%的显著性检验，以务工收入为主要收入来源的农户比以农业种植收入为主要来源的农户更不愿意调地，以农业种植收入为主要来源的农户较为依赖土地，土地更多发挥生存保障功能，此类农户更希望通过土地调整来调和人地不均问题。家庭人口变动情况与农户是否支持调地呈正相关关系，农户最近一次分地后的家庭人口变动情况直接影响农户对调地的态度，通常情况下，农户家庭人口增加会导致人均耕地量减少，这类家庭越倾向于支持土地调整，反之则反对土地调整。

年龄（x_2）、是否是村干部（x_3）与文化程度（x_4）这三项农民个体特征没有通过显著性检验。不论什么年龄段，都会考虑实际利益，从整个家庭利益最大化去选择是否支持调地，故年龄对于是否支持调地态度的影响不明显。同理，不论被访者的文化程度如何，他都会基于现实出发全方面考虑调地的后果，因此文化程度对调地的影响也不明显。“是否为村干部”这一自变量没有通过显著性检验，这与原预判不符，说明村干部首先是村民，其态度也取决于调地对自家利弊的影响。

2. 承包地特征对农户调地意愿的影响

从农户的承包地特征来看，承包地地块数（x_8）、承包地与住处的最远距离（x_9）、是否有坡耕地（x_{10}）、耕地主要用途（x_{12}）、是否有土地流转行为（x_{13}）通过了5%的显著性检验。

承包地地块数与调地意愿呈正相关，说明地块数越多、耕作越不便的农户，越希望通过土地调整来整合土地资源，以提高种植便利度与效率。承包地与住处的距离与调地意愿呈正相关，住处离承包地距离越远，农业种植的便利度就越差，种植成本可能会上升，因此耕地距离住处越远的农户越倾向于支持土地调整以方便耕种。“是否有坡耕地”这一变量虽然通过了5%水平下的显著性检验，但方向是负的，这与预判的方向不一致。原预判认为有坡耕地的农户会想通过土地调整实现土地整合以便于耕种，因此对土地调整的意愿很高且呈正相关。产生这一结果的原因可能是坡耕地多存在于山区等种植条件不好的地区，该地区种植成本高、经济效益低，年轻人大多选择外出非农就业，而且由于坡耕地种植难度较大，留守老人的种植意愿很低，这类地区无论如何调地也无法避免拥有坡耕地的结果，同时开发、征地可能性都较低，土地价值很低，土地调整带来的收益很小。与此同时，山区土地复杂，土地调整成本过高，因此农户选择不进行土地调整。“耕地主要用途”与调地意愿呈负相关，相比种植粮食作物的农户，种植经济作物的农户更不支持调地，因为调地可能会造成较大经济损失。土地流转行为对土地调整意愿有正向影响，有土地流转行为的农户比没有土地流转行为的农户更支持调地，这与预判的方向相反。原本以为，进行过土地流转的农户由于已签订土地流转合同，会觉得调地比较麻烦。形成这种结果的原因可能是进行过土地流转的农户受多种因素影响，其自身种植意愿较低，且流转期限一般较短，不会影响到调地，他们希望借调地实现土地资源的有效管理。

分地时的人均耕地量（x_7）、承包地可灌溉率（x_{11}）这两项农户承包地特征没有通过5%水平下的显著性检验，但是“分地时的人均耕地量”通过了10%水平下的显著性检验（0.068）且呈负相关，说明它对农户是否支持调地还是有较大的影响，分地时人均耕地越少的家庭越倾向于支持土地调整。分地时通常以人头为标准进行承包地的分配，因此村内每户的人均分地量差异不大，但是存在在最近一次分地时某些家庭的共同生活的家庭成员因种种原因没有取得集体成员身份或因其他原因没有取得承包地分配资格的情况，这类家庭人均承包地少，倾向于支持进行土地调整。

3. 村级特征对农户调地意愿的影响

村级特征中，村与县城的距离（x_{14}）通过了5%水平下的显著性检验且方向为负，这与预判一致。说明调研村与县城的距离越远，农户越不愿意进行土地调整。一般情况下，距离越远，土地价值越低，给农户带来的土地种植收益和增值的可能性也小；距离县城越近，土地的综合效益越高，人地不均农户对于调地的意愿就越高。调研村是否有征地现象（x_{15}）与调地意愿的关系未通过显著性检验，可能是由于问题“你村是否有征地现象”设置范围较广，有过征地行为的村的被征土地不一定是农用地，即使是农用地也可能是村机动地，可能并不涉及农户利益，同时征地行为发生时间有近有远，不具有可比性。总之，征地行为受征地时间、征地面积、征地对象、征地补偿安置方式等多种因素影响，很难单独分析出这一村级特征对土地调整意愿的影响。

总之，从农户的个体特征来看，性别、家庭收入主要来源和家庭人口变动情况通过了5%水平下的显著性检验；从承包地特征来看，承包地地块数、承包地与住处的最远距离、是否有坡耕地、耕地主要用途、是否有土地流转行为通过了5%水平下的显著性检验，分地时的人均耕地面积通过了10%水平下的显著性检验；村级特征中，村与县城的距离通过了5%水平下的显著性检验。上述10个变量通过了5%和10%水平下的显著性检验，它们对农户是否支持调地产生显著影响，这为河北省第三轮土地承包方案的制定提供了依据。

第三节　对河北省第三轮土地承包工作的建议

一、第三轮土地承包中农户间人地关系的处理原则

在土地确权颁证工作基本结束的情况下，如果在第三轮土地承包时对承包地进行大规模调整，调地成本会很高且影响土地种植效率，不利于地权稳定，更与中央政策相背离。且有的农户对现有承包地已经进行了长期流转，有的农户承包地已经被征收且其家庭也领取了征收补偿款，在这种情况下，再进行土地大调整无疑是不合适的。即使从农户诉求角度看，也很少有人坚决要求调地，他们只是觉得调地的做法更公平更合理而已。根据前文对19个样本村农户调地意愿的分析结果，虽然有81.3%的农户支持对土地进行调整，但许多农户出于客观因素（调地的实际执行难度），倾向于认可不对土地进行调整。

亦即，许多农户从思想或者伦理道德观念上认为应当调地，如果有科学且比较容易操作的、实施成本更低的调地方式，许多人可能会支持调整土地。这说明调地需求现实存在且不可忽视。此外，若不借第三轮土地承包契机进行土地调整或者对承包地权益进行调整，则以后更难有机会调整，长期不变可能更易诱发农民对土地集体所有意识的淡化，加重土地私有的认识。所以在尝试采用多种手段尽可能避免因承包地大范围调整带来负面影响的同时，应当寻求不调地情况下对第三轮土地承包期内集体成员之间的利益进行调整，即通过“调利不调地”的方式开展第三轮土地承包工作。主要思路是“开源节流”，借鉴“一户一块田”“确权确股不确地”、征地补偿费再分配、完善人多地少低收入农户的社保等模式进行土地权益的调整。

二、第三轮土地承包中平衡农户间人地关系的具体措施

（一）优化社保机制，保证无地少地低收入户的生计

随着就业结构的非农化，河北省农户大多不再单纯依赖农业为生，农业收入占家庭总收入的比重逐渐降低。2019 年河北省农村居民可支配收入为 15 373 元，按每户 3.13 人计算，缺少一个人的承包地给农户造成的减收比例仅为 0.7%～3.7%。因此新增人口无承包地对于一般家庭的收益影响不大，但对于低收入户这一特殊群体来讲，家庭成员无地少地造成的损失对其收入影响很大。按河北省 2020 年农村低保的平均标准 5 127 元/年计算，因缺少承包地损失的收入占其家庭收入的 6.7%～35.0%，因此要重视无地少地对低收入农户家庭的影响。本部分被访农户以农业种植为主要收入来源的占比 38.2%，说明以农业种植为主要收入来源的农户仍占一定比例。根据上文分析，“家庭收入主要来源”这一影响因素通过了 5%水平下的显著性检验，且“以农业种植为主要收入来源”的农户比“以务工为主要收入来源”的农户更愿意调地，说明土地对于低收入群体来讲发挥着增加收入和生存保障功能。

因此，无地少地带来的种植收益减少对于低收入农户这一群体（低保户、建档立卡户、以农业种植为主要收入来源的农户）影响较大，政府要重视保护无地少地的低收入农户（尤其是低保户和建档立卡户）的土地权益，给予政策倾斜，可建立无地少地低收入农户的社会保障机制。

（二）完善征地补偿款分配机制，弥补无地少地农户损失

土地征收需要给予被征收农村集体经济组织和被征地农民合理补偿。随着农业种植不再是农户的主要收入来源，因无地少地而减少的收入不再对农户家庭总收入产生很大影响，但是一旦发生征地，无地少地农户的损失就会凸显。调研的村子中共有 10 个村发生了征地行为，占比 52.63%，许多农户提到征地的发生会影响其调地意愿。

所以土地征收时应利用集体掌握的土地征收补偿费和安置补助费等资金来弥补无地少地农户的损失，同时应保证征地补偿安置款分配和使用的公开透明，在补偿款和补助费的分配上应向无地少地的低收入农户和人地矛盾突出的农户倾斜。

（三）结合土地经营模式创新，构建多赢的人地均衡方案

根据模型分析可知，农户的承包地地块数、承包地与住处的最远距离、是否有坡耕地等有关承包地属性的因素影响都显著，因此可以从承包地经营方式出发寻找解决人地矛盾的办法。加之有 81.3%农户有调地意愿，所以，可以探索通过调地或调利方式进行土地经营方式的优化。

1. 参考“一户一块田”模式开展第三轮土地承包。农业现代化的发展离不开农地资源的优化配置。据相关统计数据，截至 2017 年底，我国经营耕地面积在 10 亩以下的农户占比 77.8%，经营耕地面积在 30 亩以上的农户（按照世界银行的标准，农户经营土地面积小于 30 亩为小农户）占比只有 4.2%。[96]仅靠大量小农户分散经营小块土地难以推动农业现代化发展，因此，借第三轮土地承包契机探寻“一户一块田”经营模式，有利于推动土地适度规模经营。“一户一块田”的经营方式有两个实现路径：一是在第三轮土地承包时按照当时的家庭人口数量确定农户耕地面积，由村集体统一整合现有耕地并实现“一户一块田”（一家只分一处整块的承包地）；二是在第三轮土地承包时不调整人地关系（即各户承包地面积不变），但对各家的承包地地块进行调整，让每家的承包地集中在一起（即“一户一块田”）。在第三轮土地承包时按当时的人口数量确定各户承包地面积，既可解决人地矛盾关系，又实现了土地资源的整合。

从调查情况看，被访农户对第一种方案的支持率为 79.8%，反对率为 20.2%；对第二种方案的支持率为 84.6%，反对率为 15.4%。总体看，农户对探索“一户一块田”的认可度较高。认可在不调整人口的前提下实现“一户一块田”的人数多于调整人口前提下实现“一户一块田”的人数。所以，最好在不对人地关系进行调整的情况下，开展“一户一块田”的工作，同时借助耕地整理等，来增加有效耕地

面积，为人地矛盾紧张的家庭提供耕地补偿。[97]需要注意的是，“一户一块田”的具体实施过程较为烦琐，可操作方式应根据各地实际情况具体分析，不能一概而论。在实际的具体操作中也会受到耕地质量、地块数等方面的影响，故而“一户一块田”的土地经营方式只是为第三轮土地承包提供了一种可行方式，只有在村“两委”工作能力较强且村民支持率较高的情况下才能实行。[98]

2. 依托“确权确股不确地”进行第三轮土地承包。“确权确股不确地”是指只落实集体经济组织成员的承包地面积，但不落实成员承包地的具体地块位置，村里颁发土地股权证而不具体指定哪块地是农户家庭的。土地由村集体经营或者由村里牵头将土地统一流转给合作社或龙头企业，集体经济组织成员——承包户享受按土地股份分红的待遇。在对第三轮土地承包时实施“确权确股不确地”模式的态度上，有 21.2％的农户支持，57.7％的农户不支持，21.1％的农户持观望态度。虽然对该模式的农户支持率较低，但仍可以作为备选模式供各村选择。

“确权确股不确地”更多体现的是对土地收益进行分配，通过村民会议民主决定集体人口租金分配和经营分红，能一定程度上解决土地调整可能引发的矛盾，但此模式的实际操作受限制条件较多。[99]有些村受制于本村的耕地条件以及其他基础设施条件（承包地情况、经济发展水平、农户支持率等），引入合作社或者生产大户对承包地进行规模化机械化生产存在一定的难度和风险。由于有些承包地本身的产值低、效益低，同时“确股”的集体成员股民资格总是在变动，运作起来也较烦琐。[100]总之，实施“确权确股不确地”对于村庄的内外部环境有较高的要求，各村要从本村实际情况出发谨慎实施。

第五章

征地中的农地产权问题

征地引发的矛盾冲突受到社会各界的广泛关注。在征地中，作为土地所有者的集体和作为承包者的农户，其地权似乎被侵夺了；然而，近年有些地方的农民却在盼望着征地、盼望着拆迁，这种相互矛盾的现象说明了征地的复杂性。只有科学合理地分析征地中的地权问题，才能真正辨清征地矛盾冲突的实质和成因。

第一节　征地矛盾的阶段性演变

我国征地矛盾的演化以20世纪90年代末为主要分界点，具体可分为四个阶段，不同阶段的征地矛盾差别很大。

一、20世纪80年代前的征地矛盾

20世纪80年代以前，从城镇建设用地方面看，土地几乎由国家或集体等公有制单位无偿使用，建设用地只有资源属性而没有市场价值。从集体农业用地方面看，农产品流通被政府主导，价格被人为压低，农业经营效益低，农地财产性极弱。此时期，无论是城镇建设用地还是农村集体土地，其财产属性都不明显，政府在征地中不能获得利益[①]，农民的被剥夺感不强。另外，此时期农业用地主要由集体掌

① 1958年1月16日国务院公布的《国家建设征用土地办法》和1982年5月14日国务院公布的《国家建设征用土地条例》都规定，征地数量和补偿安置方案由所在地政府组织用地单位、被征地单位以及有关单位商定，补偿安置费由用地方承担。政府仅是中介和管理者，并不能从中获取差价。

握，土地被征的后果主要由集体承担，与农户关系不大。虽然20世纪70年代末一些地方已经分田到户，但由于当时村组集体每隔三两年就调一次地，被征地农户能很快从集体重新分得土地，所以普通农民对征地并不十分关心。这一阶段国家还没有开始大规模城镇建设，征地现象较少。在这些因素综合作用下，政府征地引发的冲突极少。

二、20世纪80年代到90年代中期的征地矛盾

20世纪80年代起，三资企业大量建立，以土地使用者都是公有制单位这一假定前提而设计的土地无偿使用制度受到冲击。作为非公有制单位，三资企业自然不能无偿使用国家或集体的土地。此外，建设用地的无偿使用也造成了土地的低效利用。于是诞生了建设用地有偿使用制度，政府开始收取城镇土地使用税（费），城镇土地的财产属性、资本属性开始显现。但当时土地使用税（费）的收取标准很低，城镇土地的财富功能不强、市场价值不高，政府在征地过程中的获益并不明显。另外，当时对被征地农民多采取非农就业方式安置。在非农就业非常稳定、收入水平远远高于务农收入的情况下，因征地而被安置的农民非常满意。此外，这一时期绝大多数集体都对农户的承包地进行不定期调整，土地被征所产生的影响基本由全村组农户一起承受，土地产权的私有化属性很弱。所以，这一时期政府征地引发的矛盾也不多。

三、20世纪90年代末到2010年的征地矛盾

1988年《中华人民共和国宪法》删除了土地不得出租的规定。1992年10月，党的十四大提出建立社会主义市场经济体制，全国土地市场逐渐兴起。城镇政府开始采用批租方式，以协商价格或招标拍卖价格向经营性企业供地。1998年修订的《土地管理法》第四十三条规定，除了农民依法建设农宅、集体组织公益公共设施建设、乡镇企业建设这三项建设用地，“任何单位和个人进行建设，需要使用土地的，必须依法申请使用国有土地”；第六十三条规定“农民集体所

有的土地的使用权不得出让、转让或者出租用于非农业建设”。这一规定使政府几乎垄断了非农建设用地的供应。许多建设都不能直接使用集体土地，而必须由政府先将集体土地征为国有，然后再划拨或出让给用地方使用。原本处于管理地位的地方政府成为直接的土地交易主体，变为集体土地的征收者和非农建设用地的供应者，土地征收和出让之间的巨大差价刺激了地方政府的征地行为，全国的征地现象迅速增加①。国家层面立法和政策的这种变化导致征地矛盾激化。[101]

城镇土地主要有公共和基础设施用地（如国防用地、政府办公用地、道路用地等）、工业（含工矿仓储）用地和商住用地三类，各类用地的征收和供应方式差别明显。公共和基础设施用地一般由政府征收后无偿划拨②给用地单位使用。在公共利益高于一切私利观念的作用下，为了减少财政开支，政府一般会用很低的价格强制征收这类用地。工业用地由政府征收后有偿出让给企业使用。由于工业用地市场基本属于买方市场，在招商引资方面有强烈竞争压力的地方政府不得不采取各种手段低价供应土地，甚至零地价招商。在这种情况下，地方政府一般会尽量压低工业用地的征收补偿安置标准。但由于用地的“非公益性”，政府在动用强制力方面有所顾忌，所以其征收补偿标准一般高于公共和基础设施用地。商住用地则由政府征收后以竞价方式出让给开发商。为了获取收益以平衡城镇土地征收和基础设施建设中的支出（这种做法曾被称作“经营城市”），政府一般会采用较严格的竞价模式来出让土地。1996 年以后，我国各地逐渐停止了单位福利性分配住房，城镇居民的刚性住房需求和改善型住房需求基本靠市场手段解决，城镇商品房市场迅速升温，房价不断攀升。在房价不断上涨的情况下，城市商品房用地市场成为卖方市场。政府较严格地执行

① 1998 年修订《土地管理法》收紧了建设用地的审批权限和供地渠道，目的是遏制耕地过快转为建设用地。但在巨大的土地出让收益的诱惑下，1998—2006 年，每年的耕地减少速度都在 1 000 万亩以上。据《中国国土资源年鉴》，2003—2010 年全国年均征地 494.3 万亩。

② 需要说明的是，所谓的无偿划拨并非不收取任何费用，而是在相关成本税费（包括征地补偿安置费等在内的土地取得费、相关税费、土地开发费、土地开发利息和利润等）以外，政府不再额外收取土地出让金。

竞价出让制度，致使地价不断上涨[1]。城镇地价的上扬使城市土地的财产价值和资本属性不断彰显[2]。虽然政府对商住用地的征收补偿安置标准有所提高，但相对于商住用地的出让价，征地补偿依然显得微不足道[3]。政府对三类用地补偿安置标准区别对待的做法经常引起农民不满，农民希望工业用地、公共和基础设施用地的征收补偿安置标准向商住用地看齐。

这一时期农地家庭承包制度逐渐稳定。1993 年《关于当前农业和农村经济发展的若干政策措施》（中发〔11〕号）指出，本轮承包到期后“再延长三十年不变”，提倡承包期内“增人不增地、减人不减地”。这些规定使农户承包地固定下来，谁家承包地被征收谁家的承包地就永远减少了，征地影响私人化、家庭化。2004 年后，我国各地逐渐取消了农业税费，并对种地给予各种补贴且补贴标准不断提高，使承包地的财产属性不断增强，农民对自家承包地的价值预期不断提高。劳动力就业的市场化和失业现象的普遍存在也使就业安置失去吸引力，被征地农民失地后的生计面临更大的不确定性。此外，征地现象主要发生在城镇周边，这里的农户耕地面积很少，即使政府只征收几十亩地也会牵扯大量农户，从而使征地矛盾更加尖锐。农户的承包地一旦被征，其传统的以土地耕作为中心的低成本生活方式就无法维持。生计方式的根本转变让被征地农户对未来非常担心。

在这些因素的综合作用下，20 世纪 90 年代末以来，农民对征地补偿安置标准提出了越来越高的要求，征地矛盾逐渐增多。

四、2010—2019 年的征地矛盾

2004 年《国务院关于深化改革严格土地管理的决定》（国发

---

① 实际上在商住用地市场，开发商和城市政府都不希望地价下降。因为地价上涨会让人预期房价上涨，从而推动房价进一步上涨，开发商能获取更多的房产收益，政府能获得更多的土地出让收益。

② 2001—2010 年，全国国有土地出让金从 0.13 万亿元增加到近 3 万亿元。

③ 一般征地补偿只占出让价的 1/20 左右，有人讽刺性地称之为“牵走一头牛，还回来一只鸡”。

〔2004〕28号）明确，调高补偿安置标准，允许突破法律最高限，规定“达到法定上限，尚不足以使被征地农民保持原有生活水平的，当地人民政府可以用国有土地有偿使用收入予以补贴”。同时调整补偿安置标准的确定方法，要求“制订并公布各市县征地的统一年产值标准或区片综合地价”。国土资源部在2006年发出《关于制订征地统一年产值标准和征地区片综合地价工作有关问题的意见》的通知，各地开始制定本行政区新的征地补偿标准。截至2010年，全国各省份基本制定了征地区片综合地价或统一年产值标准，有10个省份全部采取征地区片综合地价法，12个省份全部采取统一年产值法，其余省份两种方法并用。这一改革使征地补偿安置做到了“同地同价”，即只要在同一个区片内，其征地补偿标准就是相同的①，消除了征地用途不同补偿标准不同的矛盾。此外，在维稳压力下，征地补偿标准不断提高，无论是区片价还是统一年产值标准，都比年产值倍数法有明显提高，且每更新一次，补偿标准就提高一次，农民对补偿安置的满意度提高。但征地中的矛盾冲突仍时有发生，村民盼征地但征地时又百般阻挠的现象非常普遍。[102]

五、2020年以后的征地矛盾

2019年我国修订了《土地管理法》，以列举的方式明确了“公共利益”的范围，缩小了征地范围，为集体经营性建设用地入市预留了空间；删除了“按原用途”补偿的原则，只是强调补偿安置标准的确定以“生活水平不降低、长远生计有保障”为原则；同时，明确不再用“统一年产值法”（这种方法实际依然遵循按原用途补偿的原则，是农业产值倍数法的变种）来确定补偿安置标准，一律采用征地区片综合地价法（其确定中考虑了农地转用后的土地市场供求情况，使被征地者可以分享农地转用的增值收益）。但这种改革对缓解征地矛盾的作用还有待时间来检验（表5-1）。

---

① 实践中也存在一些地方政府利用及时签约奖励等方式变相提高征地补偿标准的现象。

表 5-1 我国征地矛盾的阶段性演变

征地矛盾演变阶段	1980 年以前	1980—1998 年	1998—2010 年	2010—2019 年	2020 年至今
社会经济背景	城镇、工业发展速度慢，征地现象少	乡镇企业发展，三资企业渐增，开发区热，耕地流失	分税制改革深入，工业城市发展迅速，房地产及城市土地市场兴起，非农建设用地必须使用国有土地	房地产更加兴旺，城镇扩张迅速，市场经济完善	社会经济进入稳定发展阶段，产权平等思想深入人心
土地被征收前后，使用方的性质	公对公（农地和市地的使用方都是公家）	由公向私转变（农地承包到户，征收形成的建设用地渐由各单位有偿使用）	私对私（承包地不再调整，征收形成的建设用地使用权批租给用地方）	私对私（土地使用权私有意识更浓，地权财产性更强）	私对私（强调政府尊重各方地权）
征地用途	公共利益需要，具体由政府决定	公共利益需要，具体由政府决定	公共利益需要，范围不明确	公共利益需要，范围不明确	公共利益需要，有列举的范围
政府在补偿安置中的作用	监管、居中调节	监管、居中调节	政府作为征地方进行补偿安置（政府征收，然后再划拨或出让给用地方，能获取一定收入）	政府作为征地方进行补偿安置（征后再卖，获取收入或利用土地融资）	政府作为征地方进行补偿安置
征地补偿原则	原用途	原用途	原用途	原用途，且“生活水平不降低，长远生计有保障”	“生活水平不降低，长远生计有保障”
征地补偿安置标准确定方法	产值倍数法，一地一议	产值倍数法，一地一议	产值倍数法，一地一议	区片综合地价法、统一年产值法；同地同价	区片综合地价法；同地同价
征地补偿标准	4～10 倍	5～20 倍	10～30 倍	有些区片价突破 30 倍	许多情况下突破 30 倍

第二节 21世纪以来的征地制度改革及其不足

一、21世纪以来的征地制度改革

2000年以来，政府不断探索征地制度改革。

（一）逐渐落实“公共利益”原则，缩小征地范围

1949年以来，我国法律始终强调只有基于公共利益的需要才能征地，但对公共利益的表述极其模糊，具体判定完全取决于政府，该原则似有实无。此外，按照1998年和2004年修订的《土地管理法》规定，除了农民建住宅、村组集体公益性建设、本村组集体企业发展用地，其他建设需要使用集体土地的，必须先由政府征收后才能占用。亦即城镇房地产开发、国有企业发展这些非公益性事业需要占用土地的，也要采用征收的方式。2008年党的十七届三中全会提出“促进公共资源在城乡之间均衡配置、生产要素在城乡之间自由流动；逐步建立城乡统一的建设用地市场”之后，各地开始探索集体经营性建设用地入市的办法，试图通过集体经营性建设用地的流转，解决非公共利益项目的用地问题。2019年新修正的《土地管理法》也删除了上述规定，将城镇规划范围外的非公共利益用地排出了征地范围。征地的“公共利益”原则得到一定程度的强化。

（二）补偿项目增加，被征地农民的社会保障得到强化

1998年修订的《土地管理法》规定，征收耕地的补偿费用包括土地补偿费、安置补助费以及地上附着物和青苗的补偿费。2004年后，国家逐渐强调给被征地农民提供养老保险等社会保障，所以补偿项目中增加了社会保障费用一项。但社会保障费没有明确的给付标准，基本由地方政府视自身的财政情况和执政理念灵活掌握，一般是给予被征地农民一定的养老保险费补贴。2019年修订的《土地管理法》将这一规定纳入法律，使社会保障费用正式成为第五个征地补偿项目。

（三）补偿安置费确定原则和方式发生变化，标准逐渐提高

征地补偿安置标准始终按被征土地原用途的价值计算。耕地的征收补偿标准按照前三年耕地平均年产值的一定倍数计算，且一事一议（即不同地块的补偿安置标准不同，每征一块地就要确定一下这块地的补偿安置标准）。1998 年修订的《土地管理法》规定补偿费和安置补助费之和最低为年产值的 10 倍，最高不能超过 30 倍[①]。这种标准灵活有余而刚性不足。政府为了修建交通设施或发展教育、医疗卫生事业征地时，往往给付很低的补偿；为了商品住房建设征地时，往往给付较高的补偿，从而引发同地不同价的矛盾。征地补偿安置标准一事一议也导致征地交易成本过高。2004 年《国务院关于深化改革严格土地管理的决定》（国发〔2004〕28 号）要求，采用统一年产值标准或区片综合地价确定征地补偿安置费，提高了标准的刚性，实现了同地同价，也降低了征地中的交易成本。统一年产值标准遵循了按原用途补偿的原则，区片综合地价则更多考虑了农地转用后的价值[②]，从而使征地补偿标准逐渐超过了农用地的价值，亦即按原用途补偿的原则有所突破。2019 年修订的《土地管理法》删除了按原用途补偿的规定，同时规定统一年产值标准不再使用，补偿安置标准一律采用征地区片综合地价法确定，为征地补偿标准的进一步提高扫清了制度障碍。

（四）征地程序逐渐规范，被征地者参与机会增加

以往的征地过程中，政府处于绝对的主导地位，通常是政府决定征收后甚至完成报批手续后，才通知被征地的村集体和村民配合征收。而现在越来越强调被征地集体和村民的知情权与异议表达权。比

① 土地补偿费为该耕地被征用前三年平均年产值的 6～10 倍。征用耕地的安置补助费为该耕地被征用前三年平均年产值的 4～6 倍。土地补偿费和安置补助费的总和（即补偿安置费）的范围为土地被征用前三年平均年产值的 10～30 倍。

② 《关于完善征地补偿安置制度的指导意见》（国土资发〔2004〕238 号）规定："制订区片综合地价应考虑地类、产值、土地区位、农用地等级、人均耕地数量、土地供求关系、当地经济发展水平和城镇居民最低生活保障水平等因素。"

如，2001 年推出了“两公告一登记”和听证会制度；按照 2019 年修订的《土地管理法》，又增加了征地前的社会风险评估和事前与被征地各方协商、征收报批之前签订补偿安置协议等环节，并将风险评估结果和协商情况作为征地审批的参考事项。这些环节的加入，使征地中各方的地位有所平衡，有利于防止政府过度依靠行政强制力而侵夺农民和农村集体组织的权益，从而减少征地中的矛盾和冲突。

二、21 世纪以来征地制度改革存在的不足

（一）只能缓解而不能完全解决征地矛盾

首先，允许集体经营性建设用地入市、缩小征地范围的改革解决不了征地矛盾。能够利用零散的、多处于城镇规划区外的集体经营性建设用地来发展的产业非常有限，大量的城镇建设、线型重点工程建设、公共和基础设施建设等仍需要采用征收方式获得土地。集体经营性建设用地入市仅能微量减少征地现象，而不能减缓、更不能解决征地矛盾①。其次，在征地补偿安置方面，尽管各地强化了失地农民的社会保障，但也只是针对失地农民的养老问题，没有也极难解决被征地农民的就业问题，农民依然为土地被征后的生计问题担心。再次，在征地补偿安置费确定方面，虽然采用了刚性的征地区片综合地价法，但它仍然是政府单方面确定的综合平衡价格[103]，难以让被征地者信服。实际上 2009 年时，全国就有 10 个省份全面采用了征地区片综合地价法确定征地补偿安置标准，但征地矛盾依然广泛存在。最后，在健全征地程序方面，虽然增加了社会风险评估和协商环节，但这只有在被征地块可以选择的情况下才能缓和甚至避免征地冲突，即只征收愿意接受当前补偿安置标准的集体的土地。如果项目选址难以改变，无论协商结果如何，政府都要征地，则这种单纯的程序性完善对于解决征地矛盾就不会有太大作用。

---

① 这与英、美、法、德等国在公益性建设需要使用私人土地时，开放土地所有权自由交易或征地两种通道以供选择的做法有本质区别。为了减缓或者避免矛盾，这些国家会在征地前优先尝试使用市场交易手段取得土地。即使交易协商不成最后动用了征地手段，因为有市场交易价格作为参照，双方在补偿价格方面的矛盾冲突也能有效减少。

（二）先期试点做法难以普遍推行

2015年我国在河北省定州市、山东省禹城市、内蒙古自治区和林格尔县试点土地征收制度改革。三地尝试了明晰征地范围、完善征地程序、提高补偿标准、探索多种补偿安置办法等改革措施。

1. 河北省定州市的改革办法。定州市作为土地征收制度改革试点区，制定了《定州市土地征收制度改革试点实施方案》，明确了改革的基本思路：缩小土地征收范围，规范土地征收程序，完善对被征地农民合理、规范、多元保障机制，建立土地征收中兼顾国家、集体、个人的土地增值收益分配机制。

首先，确定公益范围与征地目录，缩小征地范围。定州市提出了公共利益用地的界定原则、方法和范围，制定了《公共利益用地目录划定方案》，提出了界定公共利益用地的四条原则，即公共受益性原则、合理合法性原则、公开参与原则、基于用途原则，确定了公共利益用地范围，形成了两项成果：一是公益性和非公益性用地界定表，二是公共利益用地及土地征收建议目录。确保征收土地在宪法规定的公共利益范围之内。

其次，制定了《关于推进土地征收制度改革试点工作规范征地程序的意见》，对批前工作程序、批后组织实施和全程监督管理作出明确规定，把征地协商和补偿安置环节的大量工作放到征地申报前来做，探索构建“一个评估、两轮协商、三次公告、四方协议”的工作机制。其中，“一个评估”是指社会稳定风险评估；“两轮协商”是指土地征收协议协商、补偿安置标准协商；“三次公告”是指征地预公告、补偿安置公告、批后公告；“四方协议”是指国土资源部门代表市政府、乡镇政府、被征地村集体、农户签订土地征收协议和补偿安置协议。实现征地过程的公开、公正、透明，给予被征地农民维护自身权益的话语权。

将土地征收社会稳定风险评估作为报批前的必经程序。采用“1＋N”多方参与的模式确定评估主体，其中“1”代表评估实施主体，“N”代表征地涉及的多个部门。主要由市政府办公室负责组织领导工作，成立由市维稳办牵头，包括信访局、财政局、法制办、行政执法局、发展和改革局、国土资源局、规划局、环保局等部门组成的市土地征收、征用社会稳定风险评估工作领导小组，并指派项目所在地的乡镇政府（办事处）进行评估。

出台了《定州市土地征收社会稳定风险评估实施办法（试行）》，对风险评估工作提出如下要求：土地征收项目必须符合相关申报条件、法律法规、政策标准；对项目选址、土地征收预存款落实、补偿安置政策以及对生态环境的影响需要给予考虑；对项目的可行性、区域经济环境的客观条件给予重视；最重要的是，建设项目的实施要充分考虑群众受益，得到绝大多数群众支持，防止在土地征收前端环节因工作不当引发新的社会矛盾。定州市把合法性、合理性、可行性、可控性作为一级指标，结合地区实际情况设置二级指标。

最后，构建对被征地农民的多元保障机制，确保农民权益。定州市在改革征地补偿安置措施方面，建立了多元保障机制。征收农用地在一次性给予货币补偿的基础上，构建了以长期粮食补贴、留地留物业、养老保险相结合的综合补偿方式。确定了多种补偿安置方式让被征地农民选择：一是省政府规定的征地区片价＋粮食补贴（每年每亩补贴被征地农民400千克小麦＋500千克玉米，或按当年粮食市场价格折换人民币兑付）＋养老保险（被征地农民享受每亩2万元的参保补贴，随时参保）；二是土地补偿费（按照全市粮食作物年均亩产量400千克小麦＋500千克玉米逐年进行补偿）＋安置补助费（标准为本市城镇居民上一年度人均可支配收入的2～3倍）＋养老保险（被征地农民享受每亩2万元的参保补贴，随时参保）；三是土地补偿安置补助标准由市政府与被征地村集体经济组织和农民协商确定，市政府不给粮食补贴和参保补助；四是根据被征地村集体实际情况和农民意愿，探索土地入股、产业安置、留地安置、就业安置等其他办法。在社会保障方面，基于目前养老保险两大制度平台（城乡居民养老保险和城镇职工养老保险），让被征地农民自愿选择，共享新型城镇化的红利。相继出台了《定州市农村土地征收粮食补贴办法》《定州市关于被征地农民参加基本养老保险的实施方案》等多项办法，力求对被征地农民进行公平补偿。在保障措施方面，出台了《定州市土地征收社会稳定风险评估办法》《定州市征地补偿安置争议协调裁决办法》，确保解决争议纠纷有依据。

2. 内蒙古自治区和林格尔县的改革办法。在征地范围方面，和林格尔县参照《划拨用地目录》和《国有土地上房屋征收与补偿条例》，结合县域实际，编制了《和林格尔县土地征收目录（试行）》。同时，建立公共利益认定争议解决机制，以及对未列入土地征收目录的项目，以及对拟建项目用地是否属于公共利益存在异议的，由县人民政府组织相关部门召开听证会，确定是否属于公共利益范畴。

在征地程序方面，和林格尔县将社会稳定风险评估作为土地征收的必经程序，并设计了社会稳定风险评估机制。规定"全县各类土地征收项目，在实施土地征收前必须开展社会稳定风险评估工作，未开展社会稳定风险评估的项目，一律不得实施土地征收"。评估主体采用"1＋N"模式确定，其中"1"代表评估实施主体，"N"代表涉及的相关部门。和林格尔县人民政府办公室负责组织领导工作，由县维稳办牵头，和林格尔县人大、政协，县环保局、国土资源局、林业局、人社局、信访局、水务局、法制办、住建局、发展和改革局、交通局、各镇政府和经济开发区管委会等政府职能部门组成土地征收社会稳定风险评估委员会；由土地征收项目所在乡镇政府和经济开发区管委会实施评估，委托第三方评估机构参与评估并提交评估报告。

在专家论证方面，邀请高校、相关评估公司、社会媒体等参与论证和评估协作工作。在社会风险评估指标的选择方面，将是否符合相关规划、产业政策、行业准入等作为反映合法性的指标；将社会群体反应度、社会公共安全度、相关风险可控性作为反映可控性的指标。将风险评价指标体系与风险等级结合起来，运用德尔菲法测算风险指数，并根据风险指数将风险等级分为高风险、中风险、低风险三个等级。

和林格尔县确定了"1＋N"被征地农民多元保障机制，因地制宜采用社保、留地、留物业、就业创业或商业开发等多种方式，保证被征地农民生活水平不降低和长远生计有保障。和林格尔县对"留地托管模式"的实践形式进行了具体探索，提出以下操作模式：

一是指标留地、农民自主。和林格尔规定全县人均耕地面积小于5亩的村庄，按被征地农民人均1亩核定留用地。留地不直接确定位置，只确定指标。土地保留集体所有性质，属于集体经营性建设用地，用于发展壮大农村集体经济。村集体经济组织是留用地所有权的合法主体，原则上允许自主开发、村集体间联合开发或与第三方企业合作开发。自主开发的，可成立村级集体资产运营公司管理运营。一亩设定为一股，向被征地农民颁发股权证，股权可以继承，不得转让。不同村集体可根据情况进行联合开发，以满足较大规模的项目落地需要；也可以土地指标或土地作价出资入股，与相关企业合作开发。

二是国企托管、集中开发。村集体组织无自主经营意愿或无其他合作方的，可自愿委托开发经营。和林格尔县专门成立了国有性质的县农发集体土地运营有限公司，在全县范围内统筹使用留用地指标，开发用途限定为除房地产用途以外的二、三产业经营性用地。在开发利用时，允许异地留用地项目中指标供给村与落地村双方签订协议，以交易、置换等方式，用指标调整集体土地所有权，由县国土资源局备案登记进行台账管理。做到将分散在各村集体的留用地集中使用，支持在政府前期整理的城镇规划区或工业功能区范围内异地选址，由集体土地运营公司统一管理，保障开发建设的集中化、规模化和基础设施配套的统一供给。

三是市场运营、还利于民。和林格尔县注重统筹集体经济组织间使用留用地政策时存在的多少有无、规划用途、交通区位等不同所带来的收益差异，制定《农村集体经营性建设用地入市土地增值收益调节金征收使用管理办法》，实行按类别的差别化收取模式和缴纳比例，合理调节政府、用地企业、集体土地运营公司、村集体和农民间的增值收益分配。针对村集体经济组织资金不足的情况，在留用地“只转不征”审批过程中涉及的相关费用，先由县政府在报批前给予垫付。同时县政府制定“托底价”，留用地股权在未转为建设用地之前的三年内，按 3 000 元/（股·年）给予预期土地增值收益补贴；转为集体建设用地后、入市前，给予预期土地增值收益 3 500 元/（股·年）；入市或转让后，县政府从实际成交总价款中扣除先期垫付资金并收取一定比例的土地增值收益调节金。

3. 山东省禹城市的改革办法。禹城市土地征收制度改革的总体目标是范围适当、认定合理、民主协商、保障有力、和谐征迁。

一是明确征地范围。制定并不断完善《禹城市土地征收目录》，构建以听证为关键环节的公共利益认定机制，将土地征收限制在城市规划区内。对城市规划区外的项目用地，主要通过农村集体经营性建设用地入市予以保障。

二是规范流程。创新“一评估、两协商、三公告、四协议”征地工作流程。“一评估”即土地征收社会稳定风险评估，评估结果作为市政府征地决策的重要依据，规避土地征收风险。“两协商”指在征地前和征收过程中，召开村民会议，告知土地征收情况，由村民讨论表决征地补偿标准和安置方案，保障群众知情权、参与权、表决权等合法权益。“三公告”指在征地前进行拟征收土地启动公告，补偿安置方案确定后进行征收土地补偿安置方案公告，征地批复后进行征收土地公告，让被征地民众有充分的知情权。“四协议”指自然资源、财政、人社、镇政府（街道办）四方与被征地村签订协议，明确各方职责，保障群众权益。

三是保障权益。建立“一代管、二提高、三保障”多元保障模式。“一代管”即研究制定《禹城市征地补偿资金代管暂行办法》，成立禹城市征地补偿资金代管中心，专门负责代管被征地农民土地补偿资金，实现征地补偿资金保值增值（被征地农民收益比以往提高700～1 100元/亩，基本不低于被征地之前的种粮收益）。“二提高”即在山东省率先提高征地区片综合地价，提高2.4万～2.6万元/亩，2020年已经提高到6.0万～7.0万元/亩；提高征地社保补贴标准，比省定标准增加0.5万元/亩（《山东省土地征收管理办法》规定，征地区片综合地价标准为每亩5万元以下的，政府补贴资金不低于每亩1万元；征地区片综合地价标准为每亩5万～10万元的，政府补贴资金不低于每亩1.5万元；征地区片综合地价标准为每亩10万元以上的，政府补贴资金不低于每亩2万元）。“三保障”即在养老、住房和就业三方面强化保障，保证被征地农民“原有生活水平不降低、长远生计有保障”。研究制定《禹城市被征地农民参加社会养老保险暂行办法》，让被征地农民全部参加居民基本社会养老保险，并按户落实社保资金。若农户土地被全部征收，则按人头平均分配社保资金，保障效果如下：禹城市 2020 年人均耕地面积 2.75 亩，按当前每亩补贴 1.5 万元计算，每征地 1 亩，农民年满 60 周岁时至少可获得的月均养老待遇为：2.75 亩×1.5 万元/亩÷139＋150 元＝446.76 元（不考虑利息、基础养老金提标、高龄补贴等因素）。确定参保名单过程中，应充分尊重农户意愿，家庭内部协商确定参保人员。允许每户出一人参保，即可以将其全部家庭成员的资金份额归集到老人一个人的名下，使老人养老待遇标准得到提高。若每五口之家出一人（一般会选取年岁大的老人）参保，则养老金月发放额将不低于 2 234 元（446.76 元×5 人），足够保障失地农户家庭中老年人的基本生活。[104]

4. 关于试点县市改革办法的总体评价。定州市出台《公共利益用地目录划定方案》，明确了非公共利益用地逐渐退出征地的工作思路，完善征地程序，同时大幅度提高征地补偿安置标准①并以菜单的方式让村民选择。[105]禹城市成立了征地补偿资金代管中心，为村里提供征地补偿资金代管增值服务，保障农户的年收益水平不低于自己种粮的产值。这种改革有矫枉过正的嫌疑，尤其是定州市。定州市给付被征地农民的补偿包括依据征地区片价确定的补偿费、社保补助和按年支付的粮补。被征地农民不用耕作，也不用支付种地的物耗，就能按年获得种地收益（每公顷 6 000 千克小麦＋7 500 千克玉米），此外还可以获得按征地区片价一次性发放的补偿费以及每亩 2 万元的社会养老保险费补助。禹城市也通过征地补偿资金代管中心的运作，保证村民每年可获取与自己种粮相当的收益（每年每公顷按夏季 4 200 千克小麦、秋季 4 800 千克玉米的市场价格确定）。这种补偿标准既不利于财政资金的公平使用，也不利于城镇化的健康发展②；从财政负担能力看，这种补偿安置方式，难以大规模推广，也难以持续。

---

① 定州的平均征地补偿费用从 2010 年的 77.55 万元/公顷渐次提高到 2016 年的 195.45 万元/公顷。

② 当然，如果政府有一个更宏大的计划，将被征地农民与城乡居民社会保障体系建立和完善一起考量，甚至基于国力为城乡居民提供普遍的粮食乃至食物支持，则另当别论。但如果这样，则该政策应当普惠于农民，而不专施与被征地农民。此外，这种逐年发放粮食或粮食折价的方法会促使村集体经济组织成员固化（不愿意离开每年发放粮食的集体组织），不利于城中村改造和农民迁户进城。

三、征地制度深层次的矛盾分析

（一）以行政手段确定的征地补偿标准难以合理化

从理论上讲，征地过程实际上是政府购买农村集体土地所有权的过程，是一种交易行为，只有在双方自愿基础上形成的交易价格才是合理的，才能实现双方交易剩余最大化。而我国现行的征地区片综合地价法是以政府为主导来确定补偿的具体标准，这些补偿标准往往不能保证“合理”。

作为新的征地综合补偿标准，征地区片综合地价的制定综合考虑了地类、产值、土地区位、农用地等级、人均耕地数量、土地供求关系、当地经济发展水平和城镇居民最低生活保障水平等多方面因素，但这种方法也难以保证科学性。政府部门通过各种手段制定的“合理”补偿价格，往往并不能让被征地农民和集体认可。征地区片综合地价主要包括两部分：一是征地的基准地价，二是征地的安置补助费。这两部分都难以合理确定。

1. 征地基准地价难以合理确定。目前征地基准地价主要按照耕地所在一定区域的历史平均收益水平测算，测算的合理价格往往是不合理的。

第一，“合理”标准是依据待征地块所在区域的平均水平测算的，与根据待征地块实际投入产出水平测算的价格之间会有一定差距，这种方法测算出的价格是不合理的。

第二，“合理”标准是按经济收益水平测算的，没有考虑耕地给农民带来的精神享受，实际上农耕是农民的一种精神寄托，对于老年农民尤其如此，所以，耕地的真实价格应高于这种方法测算出的结果。

第三，“合理”标准是按历史资料计算的，在标准制定过程中大多没有考虑未来投入产出的变动趋势。从理论上讲，地价应当是未来预期纯收益的资本化，即决定地价的是未来纯收益。而农地的纯收益呈逐渐增加的趋势，这主要有以下几个原因：首先随着经济的发展，耕地的利用结构不断发生变化，经济效益高的作物所占比重逐渐增大。粮食作物、经济作物和其他农作物播种面积占总播种面积的比重分别由 1978 年的 80.3%、9.7%、10%调整到 2003 年的 65.2%、16.1%、18.63%，继而又调整到 2020 年的 69.39%、14.49%、16.15%，其间非粮食作物所占比重提高了十多个百分点。其次，技术的进步和国家对农业的政策支持力度不断加大，使农作物生产经营的效益不断提高。比如过去种田需要交各种农业税费，现在不仅没有了农业税费，反而还会得到农业支持保护补贴。所以，用现在的收益状况测算能够产生持久收益的耕地的基准地价是不合适的。

第四，"合理"标准没有考虑实际征地补偿标准不断上升的趋势。由于大多数地区征地补偿标准是不断上升的，因而农民对征收耕地补偿标准有一个较高的预期。以河北省保定市为例，1995 年征地价格（商业用地）一般为 120 万元/公顷，而 2005 年征地价格（商业用地）达到了 225 万元/公顷，2020 年征地价格（因为征地补偿标准不再按用途确定，所以此处采用保定市市区区片Ⅰ的价格来代替）达到了 450 万元/公顷。从长期看，征地价格是不断上升的。

第五，"合理"标准没有考虑耕地被征收后转为非农业用地而产生的增值收益。征地补偿标准远远低于政府向用地单位出让的价格。根据浙江省部分地区的调查结果，2003—2004 年浙江省征地价格一般在 26.85 万～146.25 万元/公顷，而出让价格一般在 57.61 万～601.95 万元/公顷，通过招标、拍卖和挂牌出让的土地价格在 449.40 万～5 395.35 万元。征地补偿费约占土地出让价的 25%，约占招标、拍卖和挂牌出让土地价格的 4.3%。且征地价格是无限期的价格，而出让价格一般是 50 年使用权的价格，若考虑年期修正，则征地价所占比例会更低。[106]

2. 安置补助费难以合理确定。安置补助费确定的主要思路是：首先计算被征收耕地所在村的人均耕地面积；其次，用征收该村耕地面积除以该村人均耕地面积，计算出征收耕地后需要安置的人数；然后确定农民土地被全部征收后，在没有其他收入来源的情况下，每位村民每年所需要的基本生活费，再按照当前的利率水平将这些生活费折算成征地时点的金额，这个金额就是安置一位村民所需要的补助费；最后，用安置一位村民所需要的补助费除以村庄的人均耕地面积，即得到该村单位耕地的安置补助费。[107]

目前对于完全失去耕地的每位村民所需要的安置补助费的确定方式有两种：一种是根据实现养老保障的标准来确定；另一种是根据实现失业保障和养老保障的标准来确定。显然，这两种测算方法所依据的保障标准是不同的。前者是保障失地农民在达到退休年龄后，每人每年能够领取对照目前消费水平确定的生活费，直到身故；后者是保障失去耕地又没有获得其他就业岗位的农民以及达到法定退休年龄后的失地农民，每人每年能够领取对照目前消费水平确定的生活费，直到身故。两者之间的差别很大。目前的法律并没有明确规定对被征地农民安置到什么水平，各地根据各自的理解来自行确定。在这种情况下确定的安置补助费很难说是合理的，也很难得到失地农民的认可。另外，每月的基本生活费标准也是一个难以确定的量，许多地方根据农村最低生活保障标准来确定，这显然与《土地管理法》关于征地安置补偿必须保障失地农民生活水平不降低的规定相矛盾。

（二）以集体所有制为名的农村土地产权制度使征地问题复杂化

我国农村土地的产权制度是模糊的、低效率的，由此引发了许多难以解决的矛盾。

1. 模糊的产权使征地问题复杂化。目前，我国农村土地的产权很模糊，主要表现在两个方面：一是农村土地产权主体不明，二是农村土地产权内容不明。

（1）农村土地产权主体不明确，引发征地时各方之间的矛盾。“农村土地归集体所有”，但“集体”的具体含义却有很多种解释，且同一集体组织的代表又有多个——村委会、村集体合作经济组织、村党支部等，产权主体的模糊性使征地问题复杂化。

首先，在产权不清的情况下，普通农民参与征地有关决策的权利往往被剥夺。农民作为松散的群体，内部难以形成一致意见，所以村委会成员往往成为征地事务的决策者。同时产权主体的模糊性也为地方政府干预村集体事务提供了借口。在乡镇政府和村委会存在事实上的行政从属关系的情况下，土地征收、被征收以及征收价格的确定，往往不是在征收单位与村集体组织或农民之间进行，而是在地方政府与用地单位之间进行，补偿方式及补偿标准完全由政府说了算，农民仅仅是价格的接受者。[108]

其次，"集体"是一个很模糊的概念，因而在确定征地方案时，谁有知情权、谁有参与权、谁有决策权，不是十分清楚，这就无法保证所确定的补偿安置方案能够得到各方的支持。一些地方在征地的整个过程中均不邀请农民参加，只在征地方案被政府批准后，才以公告的方式告知农民。这种情况下的征地行为很难做到公平公正。

最后，由于集体产权概念的模糊性，征地补偿安置款发放给谁、各方应得的比重分别是多少很难说清，势必导致乡政府、村委会、村民小组、村民之间争夺补偿款，补偿安置款的分割成了各方较量的结果。拥有行政权和信息优势的乡政府显然占据了优势，具有"准行政权"的村委会也有相当的能力，而既缺乏话语权又缺乏知情权的农民往往被忽视，这势必会引起农民的不满。

此外，"集体"含义的模糊使村民之间在分割补偿款时也产生许多矛盾，集体成员资格认定是矛盾的焦点。例如，在校大学生、现役军人、出嫁女及在农村仍占有土地的城市工作人员是否是集体成员，是否应当分得补偿款？这是存在争议的，每个村都根据自己的理解行事，引发了许多问题。

（2）农村土地产权内容不明确，各级政府经常干预征地事宜。农村土地所有权归集体所有，但农村土地所有权的实现却受到多方的控制。首先，农村土地使用权受到一定限制，农民不能占用农田盖房、取土、建坟、办工厂。其次，农村土地所有者的经营权受到干预，比如法律规定农村集体经济组织的耕地要采取家庭承包的方式经营。再次，农村土地处置权受政府干预，农村集体经营性建设用地不能发展商品住宅等，一些地方甚至规定耕地的流转需要政府部门同意。最后，一些地方政府和农村集体经济组织，以耕地为媒介向农民收取各种费用，而这些费用的收取标准又很不确定，使得耕地的收益权模糊不清。由于农村土地产权受到的多种限制，农村土地的价值受到影响，也使政府通过低价征收、高价出让土地获得利益成为可能，致使政府利用征地权来牟利的现象大量滋生。[109]

总之，在耕地产权比较模糊的情况下，采用行政手段来征地，征地补偿标准制定、征地补偿款发放、失地农民安置等工作难以做到公平合理，势必会引起各种矛盾，形成征地困境。

2. 集体所有下代理制的低效率使强势群体介入征地事务。在集体所有的情况下，村集体的事务只能由全体村民选举出的代理人——村委会来进行日常管理，这样村民和村委会之间就形成了委托代理关系。在委托代理过程中，村民要想使代理人根据自己的利益来进行决策，就需要对代理人——村委会进行严格的监督。而村民监督村委会的工作是不太现实的。一是普通村民和村委会之间存在信息不对称问题，村委会的某些工作内容往往不愿意让村民知道，村民很难掌握监督村干部所需要的各种信息，监管很困难。二是从个体村民来讲，监督村委会的工作是一项成本高、收益低的活动。通过监督使村委会严格自律、忠实于全体村民，固然可以给全体村民带来一定的收益，但这些收益是全体村民共享的，平均分摊到每个村民身上的收益很少。目前，村务内容庞杂，村干部的空间活动范围又很大，使得监管的直接成本很高；同时，随着非农就业机会的增加，监管的时间机会成本也越来越高。对于普通村民个人来讲，监督村委会的工作是不经济的，属于非理性的行为。三是一般的村民都有“搭便车”心理，由于监督村委会工作人员的行为需要支付一定的成本，同时又得罪人，监督带来的好处却由全村人来享用，所以许多村民都希望别人去监管，自己“搭便车”。因此，许多村民放弃对村委会的监管，不参与村庄管理。在规模很大、人员流动性较强的村，更是如此。

3. 村民之间过高的合作成本使外界强势组织大量渗入。农村集体组织要保持正常运转，维护良好的合作效率，需要支付一定费用。这些费用包括村民之间互通信息的费用、村委会日常工作费用、监督村委会成员并对之实施约束的费用、参与决策并形成决定的费用等。从制度经济学角度讲，村集体制定章程、形成决定都是村民之间进行博弈的结果。作为全体村民代理人的村委会难以统一全体村民的意志，也难以代表他们与外界进行谈判，“这种村级权威的缺位，恰好给名义上是村政指导者，实际上是领导者的乡镇政府进入并主导村庄利益留下了充分的理由和很大的空间”[110]，因而乡镇政府、县级政府不断地参与土地征收事务。这就自然引发了村民、村委会、政府等强势组织、开发商之间的利益冲突，引发了多种矛盾。

（三）以“大政府”为特征的管理体制难以保证政府合理征地

我国现行的经济管理体制受计划经济体制的影响，容易成为“大政府”式的。一些基层政府对经济活动的介入很多，既介入公共领域，又直接介入生产领域。根据制度经济学理论，政府也是理性经济人，也追求自我利益的最大化；政府介入过多，会对经济体制的公正性产生影响。

1. 农村土地制度设计过程中重宏观效益、轻微观效益。我国目前实行的农村土地集体所有制是出于宏观效益的目的而设计的。比如我国法律规定各级人民政府有权制定土地利用总体规划，亦即农民集体所有的土地必须由政府来确定何处需要加强保护，并划为永久基本农田，规定其所有者不能在这里栽树、养鱼、盖房子。目前正在推行的征地补偿标准确定方式的改革也体现了这一点。征地区片价法是由相关专家确定征地补偿标准，并经过市、省级政府相关部门的验收确认，因而具有了法律效力。这种制度安排势必削弱土地征收过程中农民诉求利益的权利，可能会引起农民的反对。

2. 地方政府的权势过大。在以政府为主导的管理体制下，地方政府享有充分的政治权、话语权和知情权，部分地方政府官员出于财政收入等方面的政绩考虑，有时会违规征地、违规用地。这种情况下，被征地农民利益容易受到忽视，容易引发群体上访，对社会稳定构成威胁。据国土资源部统计，2006 年全国共有各级各类开发区 3 437家，其中经批准的只有 1 251 家，仅占 32.6%，其他 2 546 家均为违规占地。

第三节　征地制度中几个关键问题的辨析

关于我国征地制度的诟病由来已久，但针对现行征地制度存在问题的分析，不同时期的研究有不同的结论。2015 年以前学者们的研究结论基本相同，认为征地制度存在征地随意性大、补偿标准低、补偿分配不合理、社会保障制度缺失等问题。[111,112,113] 有学者证明被征地农民生活水平普遍下降[114,115,116,117]；也有学者从被征地主体间的矛盾冲突角度分析了征地制度存在的问题，认为安置补偿费分配中存在许多矛盾[118,119]。2015年后，学者们对征地制度的研究更深入也更客观，由单向归咎于政府向从多主体多角度立体剖析矛盾成因转变，将宏观社会经济环境变化、政府执政理念、农民行为特征等都纳入征地矛盾的研究范畴。认为征地中存在被征地者的谋利型抗争[120]，"秉持'政府侵权—农民抗争'理论预设的研究与事实多不相符"[121]；征地矛盾的产生并非仅仅是政府和被征地者间的利益纠葛，有些冲突是由村内的派系竞争或派系矛盾引发的[122]；征地中农户的心态是矛盾的，征地冲突频发的同时，广大农村人口又普遍盼望被征地[102]。一些学者利用调研资料分析了征地对农民生计的影响，认为征地有减贫效果[123]，能改善被征地农户的整体生计状况，但对不同群体的影响不同[124,125]。

通过文献梳理发现，关于征地制度的许多问题尚无定论。对于征地方与农地各产权主体间的关系问题、征地补偿安置标准的确定问题、征地纠纷解决机制问题，尚未形成共识，关于我国征地制度在哪些方面需要修改、如何修改等，仍需深入讨论。虽然我国征地补偿标准不断提高，但征地冲突却有增无减①。可见，征地冲突增加并非仅由补偿标准低引发，应从法学、经济学和社会学等方面对征地制度进行系统分析。

一、征地的前置条件问题

我国自1949年以来强调政府出于公共利益的需要才可以征地。但对公共利益的表述方式经常变化，从"国家建设""国家需要"到

① 我国1953年规定的补偿标准是3～5倍的耕地产值；1958年缩减到2～4倍的产值标准；1986年增加到3～6倍（若加上安置补助费则是5～9倍，两者之和最高不超过20倍）；1998年提高到6～10倍（若加上安置补助费则是10～16倍，两者之和最高不超过30倍）；2005年后的征地区片价补偿标准一般都超过30倍。2015年、2016年、2017年，全国法院一审受理征收拆迁类诉讼分别约为29 000件、31 000件及39 000件，分别占当年行政诉讼案件总量的13%、14%和17%，这些逐年增长的数据还不包括未进入司法程序的信访案件。

"公共利益"，但其实质范围没有变。城镇扩建需要土地时基本都通过征收方式实现，并不看重具体用地项目是否是公益性的，故学者们经常指责政府滥用征地权力。实际上，何为"公共利益"，"公共利益用地"如何界定等，都是难以特别明确的。

首先，公共利益用地和非公共利益用地的边界很难明确。公共利益用地的确定有三种方式：列举法、定义法（概括法）、混合法。列举法虽然能够明确哪些用地属于公共利益用地，但过于僵化，无法满足立法时难以顾及的、实际可能发生的公共利益用地问题；定义法有一定的弹性，为新型公共利益用地留下了空间，但却让公共利益用地范围模糊化，容易引发界定上的异议；混合法兼具上述两种方法的优点，但也同时兼具了它们的缺点。此外，判断某类项目用地是否是公共利益用地的依据是什么？是按照项目运作主体的性质（是否是国有企业、事业单位或行政机关）、项目运作的直接目的（盈利与否）还是项目运作的间接效果？依据不同，则判断结果自然不同。若没有一个明确的判定标准，则只有公共利益用地才能征收的规定就会变为一纸空文。

其次，从理论上讲，政府征地并非"低价"取得土地，被征地集体和农户的权益也不会受到损害[①]。非公共利益用地，典型的如商品房开发用地、工商企业用地，若不经征收而由企业直接从集体经济组织手里买入，将面临更严峻的问题。在规划控制下，商品房开发用地和工业用地的位置是固定的，导致土地使用权市场具有垄断性。垄断的存在决定了土地使用权的自由买卖不能让工业用地和商品房开发用地的取得价格统一，从而导致商品房开发用地的价格比工业用地的价格高很多。也就是说，一旦允许非公益项目直接从集体经济组织买地，则会导致因公园、学校、道路建设而被征地者的收益比因工业发展占用而卖地者的收益低很多，更无法和因商品房开发而卖地者的收益相比，这显然不公平。无论是公共利益用地还是非公共利益用地，政府都采用征收的手段、按照统一的价格体系征收，能平衡不同用地

① 实践证明，"非公共利益用地"的征收补偿是到位的，反而是典型的公益性项目（如交通设施等）用地的征收引发了许多纠纷（吴次芳等《中国农村土地制度改革总体研究》，浙江大学出版社 2018 年版）。

的供地主体间的利益。

当前部分学者主张的非公共利益用地由用地单位运用市场手段从集体土地所有者或使用者手中获取，政府通过税费方式将土地转用的增值收益收归国有、以平衡不同被征地主体利益的做法，也面临很多问题。一是增值收益的确定很难。二是会导致城镇土地所有权复杂化——既有国有土地也有零星的集体土地。三是未来集体土地收益的归属与分配难。

虚化、淡化征地中的“公共利益”是一条可取措施。[126] 2019 年修订的《土地管理法》将“在土地利用总体规划确定的城镇建设用地范围内，经省级以上人民政府批准由县级以上地方人民政府组织实施的成片开发建设需要用地的”也列为公共利益范围，使连片开发的商品房开发用地①、工业用地能够通过征收方式获得，从而将城镇建设本身视为“公共利益”。[127] 这实际是立法机关运用一定的手段否定了只有公共利益用地才能征收的主张，维护了土地制度的稳定。需要注意的是，这并非意味着政府可以随意征收土地，政府征地依然要遵循集约利用、持续利用和规划利用的原则，依法依规进行。

二、征地的强制性问题

征地实质是政府强行购买集体经济组织土地的过程，具有行政性、强制性、有偿性的特点。由于土地供需双方存在双向垄断性，通过自由交易方式解决产权配置问题会产生极高的交易成本，甚至无法交易，因此需要借助强制征收的方式解决。既然是强制性的购买，政

① 最关键的是，这一规定解决了商品房开发用地的来源问题。按照现行法律，商品房不能在集体建设用地上开发，只能在国有土地上进行。而集体土地变为国有土地的方式只有征收一种途径。即若按照规划，集体土地上需要开发商品房则必须通过征收方式转变为国有土地，然后才能进行。此外，由于《宪法》第十条规定“城市的土地属于国家所有”，所以，城市扩展所需要的土地都将逐渐变成国有土地，而集体土地变为国有土地的途径只有征收一条路。所以，将城市扩建都纳入公共利益范围是一个必然。实际上，虽然各国对征地用途的规定基本是出于公共利益，然而政府在实施征地时并未严格遵从（钱畅、彭建超、吴群《浅议当前我国征地制度改革的几个主要问题——基于国际征地制度研究进展的反思》，收录于《中国土地学术年会论文集 2011》，第 78～86 页）。

府就不能完全保证征地活动的平稳。实际上发达国家也存在征地冲突，如日本成田机场项目征地中的冲突既血腥又漫长。政府追求平稳、追求和谐，但不能完全保证平稳、保证和谐。否则，面对谋利型的“钉子户”和有组织的团体谋利行为[128]时，政府只能让步，这会导致社会不公平程度加重。比如，在广东东莞市，目前一亩土地补偿达到 60 万元以上，然而“征地矛盾越来越多而非减少了，征地不是更顺利而是更艰难了。原因很简单，没有农民会嫌补偿多，每一次征地都会存在‘钉子户’，政府若简单地满足他们的诉求将造成更多的‘钉子户’”。[129]

三、土地增值的归属问题

征地补偿安置标准与征地出让价格之间的较大差距引发了社会广泛讨论，征地矛盾激化。[101]在维稳压力下，许多人主张让被征地承包户和集体分享农地转用的增值收益。然而转用增值是否应分配给被征地方一部分、增值额能否准确测算出来及如何测算、被征地方分成比例是多少等问题，都有待研究。

政府征地过程中通常会发生两个变化：一是集体土地所有权变为国有土地所有权，二是被征土地由农业用途变为建设用途（有的是变为生态用地和园林绿化用地）。征地只应考虑土地所有权的转变，而不应涉及用地性质转变引发的增值或减值问题，因为农地变为其他用地之后的增值或减值问题与被征地者没有直接关系。

（一）农地转用增值归属的逻辑分析

征地补偿是指弥补缺陷、抵消损失，因此，征地补偿应是对被征地人在征地时点的损失进行补偿。[130]只能基于将集体农地变为国有农地这一过程中给农户和集体造成的损失来进行，而农地转用后的价值变化则是征地完成之后的事情。

农地转用引发的问题，比如农地转为建设用地引发的粮食产能降低和生态损失，是由整个社会承受或者由国家来弥补的。转用的增值也主要是宏观经济增长的结果，增值数额与被征土地使用方向、新增建设用地指标数量、城市规划、城镇化水平、政府基建投资力度、房地产政策等制度性溢价因素[131]密切相关，与被征地农户和农村集体没有直接关联。所以，从农地转用增值收益中直接拿出一部分分给被征地者的做法没有科学依据。

被征土地转用增值收益归属问题实质是土地发展权的归属问题和土地所有权是否能绝对化的问题。从世界范围来看，土地发展权（有的学者将其称为“土地开发权”）基本归国家所有。法国《公用征收法典》规定，征地补偿范围包括因征地行为导致的“直接的、物质的和确定的损害”。德国联邦最高法院认为“征收补偿的功能是因为对被征收人施加特殊负担及附随损失加以补偿……征收补偿旨在使被征收人获得所遭受损失的同等替代”，其《联邦建设法》规定征地补偿费用“依据被征收土地的市场交易价格计算确定”。[132]英国《城乡规划法》1947年版第48条规定政府征地补偿标准为土地在规划限制下的现用途价值，排除规划放松后的潜在开发价值，1959年确定依照土地强制征购时公开市场上自愿出售的合理价格为基础计算，不是基于开发基础上的、未来可能增值空间的价值计算，不考虑土地强制征购行为后续的价值变化情况。[133]日本《土地征用法》第71条规定，补偿的标准为考虑到近旁类似土地的交易价格等而计算的相当价格。瑞典、新加坡等为了抑制土地投机，甚至规定依据或参考若干年前的市场价格来计算土地征收补偿费用。可见，各国都秉持按原用途补偿的原则。作为强调公共利益的社会主义国家，我国更应坚持这一原则。将农地转用增值收益归政府，可以体现社会主义“地利共享”原则，避免土地财产化的改革取向[134]，也可以避免发生因补偿标准过高而使农民不愿意转出承包地，进而导致农业规模经营难以推动，小规模的、作为副业经营的农业模式固化。[135]

当然，不允许被征地农民直接分享农地转用增值收益，不等于不让农村和农民分享农地转用增值收益。我国已经进入通过城乡统筹、补农业农村短板来实现城乡融合发展的阶段，将农地转用增值收益优先用于农村和农业是必然要求，也是实现乡村振兴的客观需要。党的十八届三中全会审议通过的《中共中央关于全面深化改革若干重大问题的决定》就明确提出，要建立“兼顾国家、集体、个人的土地增值收益分配机制”。但应当从全局角度统筹安排，需要采用直接或间接手段将增值收益在国家、集体和农民之间进行分配，不能理解为是在征地的地方政府、被征地村集体和被征地农民之间直接分配农地转用增值收益。正因如此，2020年中共中央办公厅、国务院办公厅印发了《关于调整完善土地出让收入使用范围优先支持乡村振兴的意见》，提出“按照‘取之于农、主要用之于农’的要求，调整土地出让收益城乡分配格局，稳步提高土地出让收入用于农业农村比例”“各省（自治区、直辖市）总体上要实现土地出让收益用于农业农村比例逐步达到50%以上的目标要求”。目前，从全国总体情况看，用于农业农村的支出约占土地出让纯收益的30%以上[①]。政府应努力改变这种局面，真正将“取之于农、主要用之于农”落到实处。

（二）被征地者直接分享农地转用增值的可操作性分析

1. 农地转用增值难以科学计算。按照农地转用增值自身的含义，其基本计算方式应为转成建设用地后的价值扣除农地价值、将农地开发为建设用地的成本，其中所涉及的三组数字都难以确定。首先，中国没有农地价值的市场显示器（因为我国土地所有权不能自由交易），农地价值如何估算没有一个公认的方法。其次，转成的建设用地价值难以确定。目前学者都用土地出让价来反映新增建设用地价值，但这样做并不合理。一是出让地价是年期地价（工商业用地的最长出让期限是40年，住宅用地是70年，其他用地是50年），而转成的建设用地价值应是无限期地价。若想科学计算转用后的地价则必须将有年期的建设用地出让地价转换为无限期地价。但这又涉及土地还原利率确定这一老大难问题。二是出让价格仅仅是转用而成的建设用地中能够用来招标、拍卖、挂牌和协议出让部分的土地价款，划拨土地价值无法包括进来。最后，政府征收土地后，还需要拿出部分土地进行学校、医院、公园绿地等建设，这些建设项目能够明显提高周边建设用地的价值，这些土地及其上的投资是否从增值收益中扣除、哪些应当

---

① 2020年9月24日，中央农村工作领导小组办公室副主任、农业农村部副部长韩俊在国务院新闻办公室举行的新闻发布会上表示，2013—2018年我国土地出让收益5.4万亿元，用于农业农村资金1.85万亿元，仅占土地出让纯收入的34%。

扣除、如何扣除也是一个难以解决的问题。有些学者直接用农地转用中政府收取的各种税费与政府获取的土地出让收入（指政府征地出让中的净得）之和来计算农地转用增值收益[136]，这种做法也不可取，因为农地转用开发中的城镇土地使用税、土地增值税、耕地占用税、契税、耕地开垦费、新增建设用地使用费等，有的是规费收入，有的要用来弥补征地给耕地总量造成的损失，如要造地以实现占补平衡，要通过农田水利基础设施建设来维护耕地产能，这部分费用不能算新增收益。

2. 土地转用增值收益计量的空间单位难以确定。土地增值无论是按行政区计算还是按征地区片计算，抑或按征地项目计算，都存在问题。目前看，学者对农地转用增值的测算基本从全国或某一行政区角度进行，其数据来源（主要依靠统计数据）比较有保障。但如果以行政区确定转用增值标准，就与按征地区片测算征地补偿安置标准的规定相冲突。若按具体征地区片测算农地转用增值又极端困难，因为不同区片土地被征后的用途不同，区片之间增值差异很大，容易引起被征地农民不满。且一旦某征地区片被作为限制开发地（如征后作为生态保护地），则其转用增值可能是负的，而让被征地农户和集体分享负收益显然是不合理的。至于按征地项目测算增值额，更不具有可操作性，因为这会导致同地不同价（因征地用途不同而转用增值额不同，被征地者分享的增值额也不同），难以保证横向公平。

3. 土地增值收益计算的时间周期难以确定。农地转用增值是将农地变为建设用地而引发的增值，不应包括农地转为建设用地后随时间延续而产生的增值。但目前的计算方法都将建设用地在一段时间内产生的增值计入转用增值中。比如用转为建设用地的土地出让价格扣除农地价值、土地开发费等税费来计算农地转用增值时，因为从农地转为建设用地到建设用地出让有一个时间差，这段时间内的建设用地增值无疑被计算到了转用增值中。至于有学者提出的“三次增值”测算方法[137]，更是将很长时间段的建设用地增值计算在了农地转用增值中。此外，从资料可得性来讲，若以征地片区为单位计算转用增值，则只能等到片区土地全部被征且开发完成并出让后，才能获取相关数值，而这往往需要几年时间。因此，土地转用增值收益计算的时间周期较难确定。

4. 被征地者应获得的分成比例如何确定是一个难题。目前主张被征地农户和集体参与农地转用增值分配的理由都是基于保护农地产权（因为转用增值是以被征地者放弃所有权或使用权为前提）、维护弱者（被征地农户和集体）利益、协调征地各方利益以降低征地难度等方面的考虑，但依据这些理由并不能推导出一个科学的农地转用增值分配比例。实际上，由于被征土地位置固定和城市规划的刚性，征地双方都具有地理垄断性，给付多大的增值收益分享比例才能使被征地者愿意交出土地实际是个博弈问题，博弈结果与双方的地位、力量、征地项目性质、各方对信息掌握情况密切相关，无法用一个固定比例来平衡。

当前学者提出的农地转用增值收益分配办法[137]，无论是增值额的测算还是各主体间分割比例的确定，都带有一定的主观性和随意性。征地补偿标准必须有一个科学的依据，单纯地、无依据地提高征地补偿标准可能带来更多问题。

四、现行征地补偿标准如何完善问题

虽然被征地农户和集体直接分享农地转用增值收益的科学依据不足，可操作性也不强，但这并不意味着当前的征地补偿安置标准是合理的。现行征地补偿安置标准仍需要调整和完善。

1. 应确定各方都能接受的征地补偿标准确定机制或结果确认机制。若没有一个双方都认可的合理标准确定机制或结果确认机制，则无论怎么提高征地补偿安置标准，被征地者可能都会有意见。实际上现在的征地矛盾已经由权益损害与抗争转向了谋利与反谋利的博弈。不断提高补偿标准可能诱发更多的谋利型抗争——本来愿意土地被征收，但为了索要更高的补偿而抗争，对被征地者来说，安置补偿似乎总是不够的。[120]此外，在征地补偿标准不断提高的情况下，土地征收中越晚被征地者的获利越多，人们会更加反对当下的土地征收。比如，定州市 2010 年的征地平均价格是 77.55 万元/公顷，之后一路上涨，从 2011—2016 年征地价格分别是：91.65 万元/公顷、112.05 万元/公顷、112.35 万元/公顷、113.55 万元/公顷、163.95 万元/公顷、195.45 万元/公顷[138]，每公顷征地价格平均每年上涨 15 万元。这种增值速度自然会刺激被征地者保留土地，从而放大征地补偿标准的棘轮效应。[139]

2. 应重新思考征地安置补助费与土地补偿费的关系。农地对农民生计保障功能的实现依赖的是土地产出（间接表现为农地经营收益或土地租金），征地时既然按照土地产出效益给予了土地补偿费，自然就不用再给保障费（英国、德国等没有设立征地安置补助费）。相比欧美国家，我国政府始终坚持人民至上，在征地补偿时考虑的不完全是"公平补偿""合理补偿""公正补偿"，而是要使被征地者"生活水平不降低，长远生计有保障"①。但给多少钱才能保障被征地者"生活水平不降低"，如何才能让被征地者"长远生计有保障"极难确定，因为被征地者个人能力和家庭条件千差万别，在同样的补偿安置标准下，可能出现不同的结果，难以达到既定目的。

政府应当从农地功能入手，科学合理地解释清楚安置补助费问题。当前，政府对农地之于农民的功能认识有偏差[140]，在确定补偿范围时未将农地征收对农户生活的影响考虑完全。农地除了给农户带来直接经济收益外，还为农户提供了低成本生活的条件。比如，有地种时，农户住到村里，在房屋附近种点菜、养点鸡鸭，蔬菜甚至肉蛋就不用全部购买；自家的三轮车甚至轿车可以放在院子中，不用买或租车位。一旦发生大规模征地，许多农户就会彻底失去土地，可能被迫上楼、被迫住到城镇中，其生活成本就会提高。这部分损失，政府应将其逐一列入征地补偿中②，而不是笼统地作为安置补助费发放。目前看，这部分费用可能远远高于土地给农民带来的直接收益。正因如此，许多省份的征地区片综合地价（包含土地补偿费和安置补助费）中，安置补助费占比很高，如河北省和吉林省为 80%，黑龙江

① 如北京市在征地时，还要对劳动力支付一次性就业补助费。补助不是按照被征农地价值给付，而是按人头确定，每人给付北京市月最低工资标准（2022 年为 2 320 元）的 48～60 倍。

② 在这方面，可以参考印度的做法。2013 年印度《土地征收法》规定补偿范围除土地市场价值、地上附着物价值，还包括对残余地、生产生活方式改变、土地收益减少等其他因土地征收造成的损失，再加之额外计算的抚慰金。

省、江苏省、重庆市为 70%，辽宁省绝大部分地区为 60%～80%，内蒙古自治区、山西省、广东省绝大部分地区为 60%左右。现行的征地补偿费实际是土地直接价值的补偿，安置补助费实际是土地间接价值的补偿，二者都是广义的土地补偿费。

3. 应继续完善征地补偿项目。我国目前的征地补偿范围还不完全，比如残留地的损失、被征土地利用给周边土地使用权人造成的影响等，都没有给予考虑[141]，各地应在征地实践中不断探索，积极补充补偿项目①。当然，征地补偿范围的确定不会一蹴而就，也不会僵化固定。农地对于农户的功能不断变化，社会各界对各功能的发现、评价更需要一个过程，所以各级政府要在实践中不断摸索、不断完善征地补偿范围。

4. 补偿标准确定方式仍需要逐步完善。现行的征地区片综合地价仍然是政府主导确定的，主要考虑的是纵（过去的征地价格）横（相邻地区的征地价格）平衡问题，可行性有余而科学性不足。理想状态是按照被征收土地对农户和集体的功能大小测算补偿额。但土地对农户的具体功能很难明确而系统地概括出来，各功能的价值也会因农户境遇的不同、偏好的不同而差异很大，难以测算出各方公认的结果。最简单、最有效的做法是建立农地市场体系，为农地找到客观的、显性的价值评估标准。政府应当鼓励各地建立农地转让市场、农地承包经营权退出市场，以发现农地的正常市价价格。当然，不能将正常市场价格直接用作征地补偿标准，因为正常市场价格是卖方自愿出售时的价格，而征地补偿标准是政府强制性“购买”时的“价格”。[142]在征地过程中，由于无法判断被征地方是否愿意出售土地，所以只能按不愿意出售的状态来估算，确定一个比正常市场交易价格

① 在这方面，各地已经有一些探索。比如黑龙江省肇东市规定：由于征地造成的不能耕种或影响耕种的零星耕地、短地，每户面积在 0.067 公顷以下的，按征地区片综合地价的 70%一次性给予土地使用权人补偿；每户面积在 0.067 公顷以上、0.2 公顷以下的，按征地区片综合地价的 40%一次性给予土地使用权人补偿；永久性征（占）用耕地的，横切垄每侧加 3 米，竖切垄每侧加 1 米磨牛地，按征地区片综合地价的 70%一次性给予土地使用权人补偿。各种供电线杆、通信线杆、拉杆、支杆、拉线等占地的，每杆位除按规定定额补偿外，另加 50 米^2（以杆为中心），按征地区片综合地价的 70%给予土地使用权人补偿。零星耕地、磨牛地、线路占地另加面积的只给土地使用权人补偿，土地用途、权属不变。

稍高一点的补偿标准。对于难以找到可资参考的市场价格标准的补偿项目，如残余地损失等，可以按损害赔偿原则确定补偿标准。

总之，当前征地制度总体是正确的，但对一些具体规定要进行完善。第一，增加征地中的谈判对象，将被征土地的所有权人、承包（经营）权人以及经营权人都作为征地补偿对象。第二，逐步完善具体的补偿项目范围，将残留地的损失、被征土地利用给周边土地使用权人造成的影响等，都逐渐纳入补偿范围。第三，探索理论依据更充分的补偿标准确定方式，消除现行征地区片综合地价确定中政府单方面主导的局面。第四，逐渐确立公正有效的征地纠纷评判机制，改善基层司法系统的形象并使之充当征地纠纷的终极评判者，从而有效解决征地中的矛盾和冲突。

第六章

农村宅基地制度改革探析

农村人口不断减少，但宅基地面积却在不断扩张，这种局面与我国人多地少、耕地资源紧张的资源禀赋条件形成了鲜明对比。造成这种局面的原因是什么，如何改变这种局面，亟须研究解决。

第一节　农村宅基地制度的演变

从历史角度看，宅基地制度依附于田地制度。井田制、授田制、占田制、均田制都是天下或国家管理者按人户确定其田地，从而将税源、役源、兵源掌控起来。即上有通名之后，按人丁数量和结构分给或授给田地，同时也给予一定比例的宅地，并确定各户的税役、庸调等负担。唐中期以后，均田制被破坏，政府不再为农户分配宅基地，宅基地逐步私有化。当然，宅基地的买卖是逐渐发展的，宋代以后才完全合法且有法定程序，交易中要交纳各种税费。新中国成立后，我国的宅基地制度发生了较大的波动。

一、宅基地农户私有、自由买卖阶段

1949 年颁布的《中国人民政治协商会议共同纲领》明确为农民无偿分得的私有宅基地提供法律保护。1950 年《土地改革法》规定，没收地主“在农村中多余的房屋”，征收“工商业家在农村中的土地和原由农民居住的房屋”，所有没收和征收来的土地“均由乡农民协会接收”，“以乡或等于乡的行政村为单位”，“用抽补调整方法按人口统一分配之”。土地改革完成后，由人民政府颁发土地所有证，并承

认一切土地所有者自由经营、买卖及出租其土地的权利。1950 年政务院第五十八次政务会议通过的《城市郊区土地改革条例》，对城市郊区范围内的宅基地处置及农民修建覆盖物进行了明确规定，确保了农民对房屋土地的基本权利。1954 年《宪法》明确表示，农户对农村宅基地的所有权受到国家强制力捍卫，私有财产沿袭继承同样受到国家的认可和保护。1955 年全国人大常委会通过《农业生产合作社示范章程草案》，仍表示农村宅基地属于社员私人所有。1956 年全国人大一届三次会议通过的《高级农业生产合作社示范章程》[①] 指出，“社员原有的坟地和房屋地基不必入社”，同时规定“社员新修房屋需用的地基和无坟地的社员需用的坟地，由合作社统筹解决”。这一规定意味着新增宅基地和坟地社员只有使用权而没有所有权，这就为 1962 年《农村人民公社工作条例修正草案》规定“生产队范围内的土地，都归生产队所有”埋下了伏笔。

二、地随房走阶段

1962 年党的八届十中全会通过的《农村人民公社工作条例修正草案》（简称“农业六十条”）规定：“生产队范围内的土地，都归生产队所有。生产队所有的土地，包括社员的自留地、自留山、宅基地等等，一律不准出租和买卖”“社员的房屋，永远归社员所有，社员有买卖或者租赁房屋的权利”。1963 年《中共中央关于各地对社员宅基地问题作一些补充规定的通知》指出，“房屋出卖以后，宅基地的使用权即随之转移给新房主，但宅基地的所有权仍归生产队所有。社员需新建房又没有宅基地时，由本户申请，经社员大会讨论同意，由生产队统一规划，帮助解决，……社员新建住宅占地无论是否是耕

① 《高级农业生产合作社示范章程》第七条规定：年满十六岁的男女劳动农民和能够参加社内劳动的其他劳动者，都可以入社做社员。入社由本人自愿申请，经社员大会或者社员代表大会通过。这说明并非村民天然就是社员，且小孩等不能算作社员。合作社不是农户的合作，而是个人的合作。但这样就与农户土地入社发生了冲突，因为土地是农户的，而不是个人的。按此规定，合作社更加复杂：成员边界（经过申请、得到批准的成年人）、财产边界（入社农民的家庭主要生产资料——章程第十三条规定“入社的农民必须把私有的土地和耕畜、大型农具等主要生产资料转为合作社集体所有”）、治理边界（全体村民）都不一致。

地，一律不收地价”。宅基地虽然属于集体所有，但房屋是社员的私有财产，住房可以自由买卖，土地（使用权）就可以随之转移，从而形成“一宅两制、公地私房、地随房走”的产权模式。

1976年后，各地农村逐渐开始了农地制度改革，分包到户使农民收入水平得到提高，改善住房需求旺盛。1978—1979年，全国农村建房面积为4亿米^2，1980年达到5亿米^2，1981年则超过6亿米^2，同时出现了大量不符合规划、乱占耕地建房的情况。1981年《国务院关于制止农村建房侵占耕地的紧急通知》规定，农村建房用地必须统一规划，充分利用山坡、荒地和闲置宅基地，尽量不占用耕地；分配给社员的宅基地，社员只有使用权，不准出租、买卖和擅自转让。

1982年国务院开始实施《村镇建房用地管理条例》，对社员建房申请报批、用地限额、宅基地面积标准等作了详细规定和说明。受落叶归根观念的影响，从村落出去的非集体经济组织成员只要回村落户或者定居（可以视作对华侨的一种特殊照顾）就可以申请宅基地。该条例第十四条规定：“回乡落户的离休、退休、退职职工和军人，回乡定居的华侨，建房需要宅基地的，应向所在生产队申请，经社员大会讨论通过，生产大队审核同意，报公社管理委员会批准。”此外，由于当时乡政府驻地和其他有集市的村庄的规模很小，在这些集镇工作的非本集体经济组织成员（如吃供应粮的供销社人员、公办教师等）没有独立的住宅区，一般只能申请在村中建设住房。故该条例第十八条规定“集镇内非农业户建房需要用地的，应提出申请，由管理集镇的机构与有关生产队协商，参照第十四条的规定办理”，同时规定“批准后，由批准机关发给宅基地使用证明”。这是当时的情势使然，在宅基地初始发放中的这种“有限开放”具有必然性。回原籍生活的职工、退伍军人和离退休干部通过落户原籍的方式，保证了集体宅基地只能由本村村民使用的制度安排得以维持，只是对华侨和港澳台同胞给予了例外关照。但允许非农业户占用集体土地建房，实际突破了农村集体宅基地使用制度。条例还规定：“由于买卖房屋而转移宅基地使用权的，应按第十四条的规定办理申请、审查、批准手续。”可见，此时期虽然允许宅房买卖，但买方被限定在很窄的范围内。

1982年10月，中共中央办公厅和国务院办公厅批转《关于切实解决滥占耕地建房问题的报告》，要求“一县一社，一村一镇，都要规定每年建房用地的总的控制指标”“国家对私人宅基地……按不同等级征收使用税”“今后建房一律不准超过用地限额；对以前所建房屋的宅基地超过标准的大院，责令原建房人退出超过标准部分的土地，不退者，对超过标准部分累进征收使用税”。这一政策的出台，说明按户免费分给宅基地的制度并不能保证施行，能否批给宅基地还要看村庄是否能够得到建房用地指标。

1987年起实施的《土地管理法》规定：城镇非农业户口居民建住宅，需要使用集体所有的土地的，必须经县级人民政府批准，其用地面积不得超过省、自治区、直辖市规定的标准，并参照国家建设征用土地的标准支付补偿费和安置补助费。这说明，虽然允许城镇非农业户口居民占用集体土地建住宅，但前提是支付补偿费和安置补助费，因而从法律角度讲，实际是把集体土地变成了国有土地。

1989年《国家土地管理局关于确定土地权属问题的若干意见》发布，明确“城镇及市郊农民集体土地上的房屋出售给本集体以外的农民集体或个人，其所售房屋占用的土地属于国家所有”。这说明虽然房屋可以自由买卖，但一旦卖给集体组织以外的主体，则宅基地就成为国有土地，所有权就归国家，也就不再是农村集体的宅基地了。因此，集体的宅基地只能通过本集体组织成员无偿、不限期使用得以维持。

1990年国务院批转国家土地管理局《关于加强农村宅基地管理工作的请示》，首次提出进行农村宅基地有偿使用试点，探索逐步建立和完善土地使用费管理制度。对现有住宅有出租、出卖或改为经营场所的，除不再批准新的宅基用地外，还应按其实际占用土地面积，从经营之日起，核收土地使用费。这说明转变用途的宅基地已经不再享受无偿无限期使用的待遇，按理也不应再被称作“宅基地”。可见，国家开始探索宅基地的有偿使用制度，谋求用经济手段控制宅基地的低效扩张。1993年《中共中央办公厅、国务院办公厅关于涉及农民负担项目审核处理意见的通知》要求，取消宅基地有偿使用费、宅基地超占费及相关的行政性收费，使得宅基地配置中的经济调控探索被中断。

1997 年《中共中央、国务院关于进一步加强土地管理切实保护耕地的通知》指出，农村居民的住宅建设要符合村镇建设规划；有条件的地方，提倡相对集中建设公寓式楼房；农村居民只能“一户一宅”且不超过限定标准，多出的宅基地依法收归集体所有。通知明确了可以通过“一户一宅”的方式保障农民的居住需要，并对超量占用宅基地者进行处理。同时，二轮土地承包期为 30 年，并且承包期内“增人不增地、减人不减地”的规定让农户的承包地固化，集体失去了通过调整承包地免费获取新增宅基地的途径。集体要想发放新的宅基地，通常要先有偿收回承包地，或者由申领宅基地的农户与别人协商调整承包地，或者直接出钱转入别人家的承包地，然后再转为宅基地。宅基地免费发放、免费领取实际已经非常困难，“福利分配、免费使用、无偿回收”的宅基地使用制度受到冲击，农民的土地私有化意识、宅基地财产化意识开始出现。

1998 年修订的《土地管理法》中，删除了有关城镇非农业户口居民可以申领并使用集体土地建造住宅的规定，从而完全实现了农村集体宅基地只能由本集体成员申领的封闭的宅基地发放制度；但并未明确禁止城镇居民在农村购买房屋。

三、房随地走阶段

20 世纪 90 年代末，随着城市各企事业单位渐次停止福利分房，城市房地产市场逐渐兴起。2002 年后，城市商品房价格上涨迅速。国有土地上商品房价格的攀升，让城市周边的农村土地迅速增值，农村集体、农民个人通过宅基地隐性流转和自发建设“小产权房”等形式分享土地增值收益，封闭运行、行政配置和无偿使用的农村宅基地制度被冲击，宅基地面积迅速扩张。

1999 年《国务院办公厅关于加强土地转让管理严禁炒卖土地的通知》规定，农民的住宅不得向城市市民出售，也不得批准城市市民占用农民集体土地建设住宅，有关部门不得为违法建造和购买的住宅发放土地使用证和房产证。从根本上杜绝了城镇居民购买和长期占用集体宅基地和住房的可能性，使得作为私有财产的房屋的流转范围受到极其严格的限制，只有具有宅基地申领资格的农户才能购买农村的住房。房屋是村民的私有财产，按理可以自由买卖，但宅基地属于集体所有，只有符合宅基地申领条件的农户才能取得。为了控制宅房的流转范围，国家规定只有符合宅基地申领条件的农户才能购买宅房，从而形成“一宅两制、公地私房、房随地走”的产权模式。

2004 年《国务院关于深化改革严格土地管理的决定》指出，禁止地方政府擅自通过“村改居”等方式将农民集体所有土地转为国有土地；禁止农村集体经济组织非法出让、出租集体土地用于非农业建设；改革和完善宅基地审批制度，加强农村宅基地管理，禁止城镇居民在农村购置宅基地。2004 年国土资源部印发《关于加强农村宅基地管理的意见》，要求严格实施规划、从严控制村镇建设用地规模，坚决贯彻“一户一宅”的法律规定，加强农村宅基地的变更登记工作，依法、及时调处宅基地权属争议。同时规定：“引导农村村民住宅建设按规划、有计划地逐步向小城镇和中心村集中。对城市规划区内的农村村民住宅建设，应当集中兴建村民住宅小区；对城市规划区范围外的……鼓励集中建设农民新村。在规划撤并的村庄范围内，除危房改造外，停止审批新建、重建、改建住宅。”说明农村“一户一宅”政策已经越来越难以实施，农户住房保障的途径由“一户一宅”变为“一户一房”是一种趋势。

2007 年《物权法》颁布，明确了宅基地使用权的物权属性，使宅基地使用权的资产化成为可能。但宅基地使用权资产化与宅基地由集体成员无偿取得、无限期使用的保障性制度安排相矛盾，正因如此，《物权法》第一百五十三条规定“宅基地使用权的取得、行使和转让，适用土地管理法等法律和国家有关规定”，从而避免了宅基地使用权物权化对现行宅基地制度的冲击，但潜在的矛盾依然存在。2008 年《国务院关于促进集约节约用地的通知》明确，对村民自愿腾退宅基地或符合宅基地申请条件者购买空闲宅基地给以激励的政策。这标志着虽然不允许宅基地或宅房市场化流转，但却通过允许有偿退出、实施占补平衡以出售建设用地指标等手段，激活了宅基地的财产属性；带来的副作用是，原本没有多少价值的偏远地区的宅基地成了不可忽视的资产，农户越发不愿意退出宅基地，有资格申领宅基地的农户则积极申领宅基地。

四、农户宅基地产权物化阶段

2011年国土资源部等四部门出台了《关于农村集体土地确权登记发证的若干意见》，规定：农房可以继承，并发给产权证。已拥有一处宅基地的本农民集体成员、非本农民集体成员的农村或城镇居民，因继承房屋占用农村宅基地的，可按规定登记发证，在《集体土地使用证》记事栏应注记“该权利人为本农民集体原成员住宅的合法继承人”。2012年国土资源部发布《关于进一步完善农村宅基地管理制度切实维护农民权益的通知》，明确“一户一宅”是指农村居民一户只能申请一处符合规定面积标准的宅基地。即不是一户只能占有和使用一处宅基地，可以通过继承方式获取二处或多处宅基地。这导致许多地方坚持的“一户（只能占有）一宅”政策（一些地方坚持一户只能占有一宅，如果通过继承方式拥有二套宅房，则必须在规定时间内出售，否则由集体收回[①]）不得不进行调整，农户宅基地的资产属性得到强化。

2013年11月党的十八届三中全会通过了《中共中央关于全面深化改革若干重大问题的决定》，明确要求保障农户宅基地用益物权，改革完善农村宅基地制度，有条件地推进农民住房财产权抵押、担保、转让，完善城乡建设用地增减挂钩试点，这更加强化了宅基地的资产属性。2014年国务院发布《关于进一步推进户籍制度改革的意见》规定现阶段不得以退出土地承包经营权、宅基地使用权、集体收益分配权作为农民进城落户的条件，从而使宅基地与集体成员身份部

---

① 《河北省农村宅基地管理办法》（2002年）第三章规定：河北省依法实行农村村民一户一处宅基地制度。农村村民因继承等原因形成一户拥有二处以上宅基地的，多余的住宅应当转让。受让住宅的村民必须符合申请宅基地的条件，并依照本办法的规定办理宅基地审批手续。农村村民一户拥有二处以上宅基地并且满二年未转让其多余的住宅的，村民委员会可以向乡（镇）土地管理机构提出收回集体土地使用权的申请，经县（市）土地行政主管部门审查、县（市）人民政府批准后收回，统一安排使用。农村村民户口迁出本集体经济组织后，其宅基地上的房屋损坏不能利用的，应当退出其宅基地，由村民委员会依照本办法第十四条的规定无偿收回。

分脱钩，宅基地身份属性弱化、资产属性更强。

2015年中共中央办公厅和国务院办公厅联合印发《关于农村土地征收、集体经营性建设用地入市、宅基地制度改革试点工作的意见》，十二届全国人大常委会第十三次会议通过《全国人民代表大会常务委员会关于授权国务院在北京市大兴区等三十三个试点县（市、区）行政区域暂时调整实施有关法律规定的决定》，授权宅基地闲置率大于8%的33个市、县、区，从2015年2月至2017年底（后又延长至2018年底）对宅基地退出、补偿、使用权入市等进行改革试点，以期构建农村土地“三权分置”框架下城乡统一的土地要素市场制度安排。

2015年8月，国务院出台《关于开展农村承包土地的经营权和农民住房财产权抵押贷款试点的指导意见》，指出要慎重稳妥推进农民住房财产权抵押、担保、转让试点，做好农民住房财产权抵押贷款试点工作。但农民住房抵押贷款的条件比较苛刻：除用于抵押的农民住房外，借款人应有其他长期稳定居住场所；所在的集体经济组织书面同意宅基地使用权随农民住房一并抵押及处置。变卖或拍卖抵押的农民住房，受让人范围原则上应限制在相关法律法规和国务院规定的范围内（只能卖给本村有资格申领但还没有申请宅基地的人）。说明国家在探索宅基地使用权的物权化实现形式，宅基地资产属性进一步强化。

2017年中央1号文件《中共中央国务院关于深入推进农业供给侧结构性改革加快培育农业农村发展新动能的若干意见》指出，在充分保障农户宅基地用益物权、防止外部资本侵占控制的前提下，落实宅基地集体所有权，维护农户依法取得的宅基地占有和使用权，探索农村集体组织以出租、合作等方式盘活利用空闲农房及宅基地，增加农民财产性收入。

2017年国土资源部和国家发展改革委员会联合出台《关于深入推进农业供给侧结构性改革做好农村产业融合发展用地保障工作的通知》，规定鼓励农业生产和村庄建设等用地复合利用，发展休闲农业、乡村旅游、农业教育、农业科普、农事体验等产业，拓展土地使用功能，提高土地节约集约利用水平。在充分保障农民宅基地用益物权、防止外部资本侵占控制的前提下，探索农村集体经济组织以出租、合作等方式盘活利用空闲农房及宅基地，按照规划要求和用地标准，改造建设民宿民俗、创意办公、休闲农业、乡村旅游等农业农村体验活动场所。

2018 年中央 1 号文件指出，要探索宅基地集体所有权、农户资格权、使用权“三权分置”改革，宅基地使用权配置的市场化指向愈加明显。2019 年农业农村部《关于积极稳妥开展农村闲置宅基地和闲置住宅盘活利用工作的通知》进一步明确：鼓励利用闲置住宅发展符合乡村特点的休闲农业、乡村旅游、餐饮民宿、文化体验、创意办公、电子商务等新产业新业态，以及农产品冷链、初加工、仓储等三产融合发展项目；支持采取整理、复垦、复绿等方式，开展农村闲置宅基地整治；支持农村集体经济组织及其成员采取自营、出租、入股、合作等多种方式盘活利用农村闲置宅基地和闲置住宅。同时要求，“不得违法违规买卖或变相买卖宅基地，严格禁止下乡利用农村宅基地建设别墅大院和私人会馆”；“不得以各种名义违背农民意愿强制流转宅基地和强迫农民‘上楼’，不得违法收回农户合法取得的宅基地，不得以退出宅基地作为农民进城落户的条件”。

可见，农村宅基地制度经历了由权利开放到封闭、再到有条件开放的变迁，宅基地的申领主体、每户宅基地的规模、宅基地的流转方式和对象、宅基地的使用等受到越来越严格的限制。宅基地在 20 世纪 90 年代末以前仅被作为资源进行管理，财产属性不强，其功能主要是满足居乡家庭建房的需要。但在住房商品化之后，随着城市房地产的兴起，地理位置优越的城乡接合部或者城中村出现了违规开发和买卖宅基地现象，宅基地资产属性凸显。但偏远落后地区的宅基地依然只是一种资源，在一些人口净流出的村庄，宅基地闲置现象突出，其资源属性也有所淡化。2007 年《物权法》出台后，国家开始强调给予农户宅基地的物权保护，对宅基地的管理逐渐由按资源管理转变成按资产管理。政府通过确权发证让农户的宅基地产权更加有保障；通过宅基地有偿收回、城乡建设用地增减挂钩、移民搬迁等手段，使发达地区宅基地价值更加凸显，使落后地区的宅基地也有了价值，农村宅基地的集体组织成员免费申领、无偿和无限期使用的制度受到越来越大的影响。

第二节　当前宅基地制度的弊端及其改革

一、当前农村宅基地制度的弊端

(一) 宅基地发放政策在许多地方并未得到严格执行

我国宅基地制度是不断修改完善的，且制度实施和执行有滞后性，制度本身和制度执行也有脱节，这就使得实践中的很多事情并不是严格按照制度来运作的。在制度越来越具体、执行越来越严格的情况下，陈年旧账引发的问题开始不断涌现。

比如河北省保定市清苑县（现已并入保定市主城区）大阳乡西街村，在 20 世纪 80—90 年代执行的是“对年满 18 周岁确实需要宅基地的本村村民由个人申请，经村委会同意，由乡、县土地管理部门批准”，即可发放宅基地。按规定，该地发放的宅基地为 0.25 亩，但若农户想要多占宅基地，则可以用钱来换取——每增加 0.1 亩宅基地多交 1 000 元钱[①]。有的村庄的宅基地是有偿发放的，如清苑县魏村镇李罗侯村发放 0.3 亩的宅基地收费 3 000～3 500 元，大庄镇东孟庄村花费 5 000 元就可以申领一处 0.7 亩的宅基地[②]。清苑县有些村庄将宅基地和承包地一起考虑，如果某户宅基地超标 0.1 亩，则分给该户的承包地就减少 0.1 亩。即使到了 21 世纪，集体拍卖宅基地的情况仍然没有杜绝。如浙江省兰溪市陈家井村 2007 年拍卖了 17 处宅基地，拍卖金额高达 197.93 万元，平均每亩地竞标价高达 30 余万元。这也导致农民多占的宅基地是有偿获得的，村里和政府不能随意收回，也不能随意罚款，实际对处理宅基地超标占用、超量占用等违规情况造成障碍。此外，集体发放给本集体内成员使用的宅基地是不允许流转的，但实践中宅房流转情况却非常普遍，尤其是在发达地区。

---

① 见中国社会科学院经济研究所“无保”调查课题组《中国村庄经济——无锡、保定 22 村调查报告》，中国财政经济出版社 1999 年版，第 435 - 436 页。

② 见中国社会科学院经济研究所“无保”调查课题组《中国村庄经济——无锡、保定 22 村调查报告》，中国财政经济出版社 1999 年版，第 479、503 页。

“小产权房”买卖主要集中在城乡接合部、城市郊区以及风景名胜区，而且这些已经交易了的小产权房很难处理。

（二）免费发放宅基地的政策已经难以执行

实施宅基地免费发放、无偿使用政策已经越来越困难。一是耕地保护和新增建设用地指标的限制，许多村庄没有用于发放宅基地的建设用地指标。二是即使村庄争取到了建设用地指标，也无法免费发放宅基地。因为村里的已有建设用地多已名花有主，而耕地基本也分包到户。如果集体要把农地变为建设用地，首先要将部分承包地收回，转变为建设用地后，再发放给村民。而这一过程中，村集体要面临巨额的花费——有偿收回承包地的支出、将耕地变成建设用地的税费等支出等。浙江省兰溪市陈家井村的案例就清晰地揭示了这一点。

陈家井村人均耕地仅 0.62 亩，土地资源非常紧张，连续 9 年未新批宅基地，无地建房成为农民最头疼的一件大事。2007 年村委会从兰溪市国土资源局获批宅基地用地指标后，花费 9.9 万元，从农民手中以每亩 1.65 万元的价格征收了 6 亩土地，设置 17 处宅基地，然后以竞价投标方式出让给本村农民建房。共有 150 多户有建房需求，然而仅 34 户农户参加投标，最终 17 户农民中标竞买得宅基地，6 亩土地拍卖金额高达 197.93 万元，平均每亩地竞标价高达 30 余万元。虽然国土资源部法规司有关专家认为“村委会拍卖宅基地的做法是违反土地管理法的行为，必须制止”，但却不能为这个村找到一个合法合规的做法，以致陈家井村村委会的行为很难受到查处。兰溪市国土资源局相关负责人也认为“宅基地有偿使用是合法的”，“陈家井村大多数村民是同意的”。

实际上国土资源部门已经意识到无偿发放、无偿使用的宅基地使用制度所面临的问题。2018 年国土资源部《关于进一步完善农村宅基地管理制度切实维护农民权益的通知》明确指出：经济条件较好、土地资源供求矛盾突出的地方，允许村自治组织对新申请宅基地的住户开展宅基地有偿使用试点。一些地方政府已经在探索宅基地的有偿配置，如 2013 年 3 月，福建省霞浦县委、县政府将小皓村列为新农村建设试点，为解决资金缺口问题，明确双拼住宅每户交纳宅基地整理及配套建设款 15 万～21 万元，独栋住宅每户交纳 45 万～60 万元。可见，现行封闭式的宅基地管理制度存在“超占限不住、应批批不了、免费给不起、流转刹不停、违法管不好、数量控不下以及闲置资产不流动等突出问题”。[143]

（三）现行宅基地政策会导致多重矛盾

1. 资源紧张但利用效率不高。当前的集体无偿提供、农户无限期无偿使用、不能流转的宅基地制度是计划经济的产物，是城乡二元分割、村庄社会独立运行的产物。随着乡村人口大量外流（根据第七次全国人口普查资料，农民占绝大比重的流动人口已经达到 26.62%），这种封闭的“只进不出”“只增不减”的宅基地供给制度造成村庄用地扩张、闲置宅基地增多。众所周知，现在乡村人口是不断外流的。但按现行的宅基地政策，新生农民家庭仍然有权利申领宅基地。由于建设用地指标紧张，许多地方已经多年不再发放宅基地，这也引发了村庄居民住房得不到保障的担心，一方面，大量人口流出、乡村住房大量闲置；另一方面，新增家庭又不断得到宅基地，宅基地总量不断扩张。这种无偿供给、无限期无偿使用、不能交易变现的宅基地制度造成的宅基地大量闲置现象不断增加。全国农村闲置宅基地占比在 10%～15%，按照 10%估算，全国 2 亿亩农村宅基地中有近 2 000 万亩处于闲置状态①。而随着职业教育、高等教育规模的扩大，外出打工年轻人增多，真正需要在家乡居住的年轻人很少。即使农户申领宅基地，也是因为不申请白不申请。也就是说，新增农户住房的保障已经不能靠发放宅基地解决，或者说发放宅基地解决不了年轻人安家的需要。

2. 宅基地使用价值和经济价值都难以发挥。2018 年，党中央提出乡村振兴战略，强化以工补农、以城带乡，既要实现城乡间要素自由流动[144]、激活宅基地这一用益物权——实现宅基地的经济价值，又要保证农民的居住需要、稳定农户生活——落实宅基地的使用价

---

① 参见肖钢《积极探索建立有中国特色的农村宅基地市场》，《理论前沿》2008 年第 13 期。

值。但现行制度只将宅基地作为保障农民在村庄居住的一种福利，不允许流转，使宅基地的经济价值和使用价值都难以发挥。因为，在城镇化快速发展情况下，大量乡村人口流入有更多更好就业机会的城镇，农民尤其是年轻农民，更需要城镇住房的保障。乡村宅基地不仅对进城农民失去保障意义，对留村的弱势群体也逐渐失去保障意义。现在农村建房成本也很高，北方地区建一套房子通常需要十多万元，即使有宅基地，贫困户一般也没有能力盖房，甚至没有能力修缮房屋。所以，通过发放宅基地解决农民居住保障问题的思路已经过时，完善新进城青年农民的住房保障体制、建立城乡统筹的居住保障体系更加必要。

3. 宅基地合法使用和违规使用均难以稳定获益。随着非农产业的发展和城市房地产的兴起，发达地区、城市周边地区农村住房的含金量越来越高。虽然法律禁止宅房流转，但这些地方宅房出租甚至出售的现象均较普遍，出现了“撑死胆大的、饿死胆小的”现象。那些敢于出售宅房、敢于在宅基地上建房出租的农户获得了较高的收益；那些遵纪守法、谨慎行事的农民则不敢扩占宅基地、不敢在宅基地上扩建房子，丧失了以地谋财的“机会”。当然，一旦村庄面临突击性改造，这些大胆村民的违规建筑就会面临被拆除的命运，造成社会财富的极大浪费。

二、对宅基地“三权分置”的再分析

（一）宅基地“三权分置”的提出

2018年中央1号文件《关于实施乡村振兴战略的意见》正式提出了宅基地“三权分置”。在“深化农村土地制度改革”内容中，提出“完善农民闲置宅基地和闲置农房政策，探索宅基地所有权、资格权、使用权‘三权分置’，落实宅基地集体所有权，保障宅基地农户资格权和农民房屋财产权，适度放活宅基地和农民房屋使用权，不得违规违法买卖宅基地，严格实行土地用途管制，严格禁止下乡利用农村宅基地建设别墅大院和私人会馆”。意在坚守农村土地改革“三条底线”（必须坚持土地公有制性质不改变、耕地红线不突破、农民利益不受损）的前提下，实现宅基地的有效利用。

宅基地“三权分置”的滥觞可以追寻到十八届三中全会《关于全面深化改革若干重大问题的决定》，其中提出了“农民住房财产权”。有学者提出，“宅基地的‘底’是集体所有；作为宅基地归农民占有，类似于耕地的承包权，他们因村民的身份而从集体获得，不能转让；建于其上的住房是农民的私有财产，他们可以自己处置，用于抵押、担保、转让，类似于耕地的经营权。可以将宅基地的三种权利称为所有权、居住权、住房财产权”①。但承包地的“三权分置”（实际是“三权分离”）是水到渠成的，自然而然发生的；而宅基地“三权分置”则是一个新提法，宅基地所有权、资格权和使用权的产权边界、产权性质（是物权还是债权）、三种产权的关系都不明确。

（二）宅基地“三权分置”含义辨析

1. 宅基地所有权。中央农村工作领导小组办公室、农业农村部《关于进一步加强农村宅基地管理的通知》（中农发〔2019〕11号）对宅基地的解释是“农村村民用于建造住宅及其附属设施的集体建设用地，包括住房、附属用房和庭院等用地”。可见，宅基地是政府在农村集体土地上批给村民的、用于居住使用的土地，其范围不仅包括主体住宅，还包括附属设施。按此理解，“宅基”的地并不能说归集体所有。集体不能掌握作为建房使用的“宅基”，因为集体不能给自己申领宅基地，或者划定宅基地。只有政府将某块集体土地批给了某农户以供建房使用后，这块地才成为宅基地。严格地说，是宅基地所在的那块地归集体所有，而作为“宅基”，只能属于某户村民（尽管不是所有权），因为只有符合一定条件的农户才有资格申领宅基地。

2. 宅基地资格权。宅基地资格权从字面意义理解，应当是符合某一条件的主体所具有的宅基地相关权利，是新增成员户兑换宅基地使用权的“期权”。[145]具体是指符合申领宅基地条件的农户所具有的

① 欧阳觅剑《“三权分置”原则也应运用于宅基地改革》，《21世纪经济报》2014年11月28日第4版。

相关权利，或者说是基于符合条件而产生的未兑现的申领宅基地或获得相应补偿的权利。如此，符合农村集体经济组织成员资格认定条件的农民、达到法定结婚年龄、符合独立立户条件者，即可取得宅基地资格权。如 2018 年中央 1 号文件《中共中央关于实施乡村振兴战略的意见》明确“保障宅基地农户资格权”。在取得宅基地资格权后，他们有权向本集体经济组织申请规定面积的宅基地。农户申请得到了宅基地或转让了宅基地资格权后，资格权自动灭失，不能再申请宅基地或享有其他相应权利，也就是“在宅基地取得环节，落地前为资格权，落地后为使用权”。[146]在这种理解下，宅基地资格权与村集体成员权存在明显的区别。第一，宅基地资格权的持有主体是农户，而村集体成员的主体是个人。第二，村集体成员权并非一种财产权，而宅基地资格权却可以成为财产权。如果某些成员组成的农户具有资格权，则可以通过产权让渡来换取利益。如将成员可申请的宅基地指标交由集体经济组织统一使用，集体经济组织需向成员支付一定的报酬。第三，用资格权换取购买公寓房、安置房、公租房和商品房时享受相应优惠政策的权利等。这些权利显然不是普通集体成员所能享受的。

对宅基地资格权的第二种理解是有资格申请集体经济组织住房保障资格（或申请享受其他替代保障待遇）的权利，是一种未兑现的权利。按照这种理解，宅基地资格权主体就是符合某种条件的集体经济组织成员个人。现在许多地方的改革探索是按这个含义进行的。安徽省东至县将宅基地资格权界定为“保障农村集体经济组织成员实现其基本居住需求的权利”，只是要求宅基地资格权的实现必须以“分户建房”的“户”为单位提出。河北省定州市进一步明确“农村宅基地资格权是指农村集体经济组织成员依法享有的住有所居权益资格。农村集体经济组织成员指在该集体经济组织生产或生活，与该集体组织发生权利和义务关系的人”。由于申领宅基地必须以户为单位，所以定州市又提出“农村宅基地保障户”的概念，并界定为“户内成员具备本集体经济组织成员资格，依法享有宅基地使用权”。也就是说，宅基地资格权的主体是集体经济组织成员个人，但若申请宅基地，则需要以户为单位进行。浙江省义乌市则明确提出“按人分配、按户控制”的宅基地发放原则，承认宅基地资格权权利主体为村民个人，并且规定“资格权人有权选择单独、按户申请取得宅基地使用权，或者与其他资格权人共同申请取得宅基地使用权”。四川省泸县也是按村民个人处理宅基地问题，规定村民无偿取得宅基地的法定面积为 50 米^2/人（其中包括生活居住面积 30 米^2/人，其他用地如晒坝、院落等面积 20 米^2/人），并按家庭人口数乘以 50 米^2 来计算每个农户可无偿使用的宅基地面积和有偿使用的超占宅基地面积。

发达地区农村（如浙江义乌实施更新改造的村庄、北京大兴的部分村庄等）探索的宅基地资格权固化，实际也是将宅基地资格权确定给个人。具体做法是以集体决议为基础，以某一固定时点的成员资格人数和户数（包括基础时点符合分户条件的户数）为基数，综合考虑户内成员数、未成年子女等情况，按照当地宅基地分配标准为每户核定一定的宅基地面积并予以分配，同时明确宅基地权益固化到户，今后无论人口如何增减都不再新分配宅基地，即固化时点之后不存在宅基地资格权的新取得问题，新加入成员、新分户成员等均不再享有宅基地分配资格。

在这种理解下，宅基地资格权与集体经济组织成员权的相似度很高，但不完全相同。集体经济组织成员天然具有让集体保障其居住需求的权利，一旦集体履行了职责——货币化安置、社保安置或宅基地安置，则该成员虽仍然是集体经济组织成员，也失去了“宅基地资格权”。

将个人确定为宅基地“资格权”主体也面临一些难题。比如，两位同一集体经济组织内的青年农民结婚、分户，共同申领一处宅基地并建设了住房。他们的宅基地应当是这两位青年农民宅基地“资格权”转化来的。如果这对夫妻生育子女——其子女显然也是集体经济组织成员；子女长大后，如果其户口未发生迁移且还在本集体经济组织居住和生活，则是否也享有申领宅基地或享受相应福利的权利？这是否与“一户一宅”的规定相矛盾？这个问题比较难处理。而如果以户为主体确定宅基地“资格权”，则不存在这个问题。

对宅基地资格权的第三种理解是农村集体经济组织成员在宅基地申领、免费使用规定面积内宅基地、在宅基地上进行住房建设和修缮等方面的权利。具体来讲，宅基地资格权人享有的主要权利有可申请新建、改建、扩建、翻建农村住宅房屋并取得其产权，也可以户为单位申请“集中上楼”的置换安置房；在征收拆迁中，有权获得“人头安置”的资格，分得一定面积的安置房。按照这种理解，宅基地资格权不会因权利人申领到宅基地而灭失，而有些农宅的产权主体却不能享有“资格权”，其使用宅基地的前提条件是支付宅基地有偿使用费。在宅房继承中，继承人为非本集体经济组织成员和已拥有宅基地的本集体经济组织成员时，继承人就没有宅基地资格权。这样的宅基地实际已经没有“资格权”人了——原先的宅基地资格权人已经去世[147]，将其资格权确定给村集体也不合规，也就谈不上“三权分置”了。集体经济组织成员若举家将户口迁出，则不再具有该集体经济组织的宅基地资格权，不能继续免费使用集体经济组织分给的宅基地，但这样做可能与政府促进农民迁户进城的政策精神相背离。2015 年中央 1 号文件《关于加大改革创新力度加快农业现代化建设的若干意见》指出，“现阶段，不得将农民进城落户与退出土地承包经营权、宅基地使用权、集体收益分配权相挂钩”。其中的宅基地使用权应当是无偿继续使用的权利，而不能理解为租赁使用的权利。所以，作为例外情形，对迁户进城农民的宅基地资格权应当在一定期限内给予部分保留（如允许免费使用，但不允许改建翻建等）。

按这种理解，宅基地资格权实际等同于集体经济组织成员在本村居住方面所拥有的权利，因为作为集体经济组织成员的人口组成的家庭原本就拥有这一权利，只是过去没有特别强调，“三权分置”改革不过是给过去农户在集体宅基地持有和使用方面的权利起了一个名字——“资格权”而已。

此外，这种理解也会带来另一个矛盾。当宅房是集体经济组织成员（假设在村中没有其他宅基地）与非本集体经济组织成员共同继承而来时，虽然房屋所有权是共有的，但非本集体经济组织成员的继承人不享有免费使用宅基地的权利，而本集体经济组织成员的继承人享有免费使用宅基地的权利，此时不仅“房地分离”，而且宅基地产权繁杂混乱，会为不动产权登记制度的实施带来困难。[148]只能通过遗产分割的方式处理——房屋折价后作为遗产分配，宅基地使用权由集体经济组织成员的继承人继承。

对宅基地资格权的第四种理解是申领了宅基地的农户，将宅基地及其上所建房屋出租给他人使用后，自己保留下来的权利。这是有些学者基于承包地"三权分置"的产权设计思路，对宅基地资格权进行的解读。[149]承包地"三权分置"是集体掌握承包地的所有权，承包户掌握承包地的承包经营权，以租赁等方式流转到土地的农业经营主体掌握经营使用权；相应的，宅基地"三权分置"就是集体掌握宅基地所有权，分得宅基地的农户享有宅基地"资格权"，以租赁等方式从申领了宅基地的农户手中获得宅基地的主体享有"使用权"。通过宅基地"三权分置"，实现了在维护宅基地集体所有、分得宅基地农户依然保留最终的住房保障权的情况下，对宅基地使用权可以进行市场化配置，从而有利于宅基地实体的有效利用。根据耕地"承包权"的属性，可以推导出宅基地"资格权"的属性，即为基于集体经济组织成员权而产生的一种用益物权。实践中也有这种探索，如安徽省旌德县，当邻村村民购买本村村民宅基地上所建房屋后，政府为转让方发放"宅基地资格权证"。[150]

对宅基地资格权的第五种解释是申领了宅基地的农户，将宅基地这块土地有偿退给村集体，但在一定年限内保留再申领宅基地的一种权利。这是一些宅基地"三权分置"试点地区为了鼓励农民退出闲置宅基地而采取的做法。如江西省鹰潭市余江区对放弃宅基地的农户核发一定期限（15 年）后生效的申请宅基地使用的"权证"，允许享受优惠政策的进城农户 15 年后可以持生效的宅基地资格权"权证"回原集体经济组织重新申请获得宅基地。山东省也采取了类似做法：鼓励有条件的农户自愿有偿退出资格权；对有意退出宅基地又不想彻底失去资格权的农户可探索"留权不留地"、颁发地票期权等方式保留资格权；进城落户农民自愿将宅基地无偿退给集体的，可重新获得宅基地资格权。

对宅基地资格权的第六种解释是申领并获得宅基地的农户对其所分得的宅基地所享有的权利，是有人身依附性的、仅具有收益和处分权能的用益物权。按这种理解，宅基地资格权实际与《土地管理法》

规定的"宅基地使用权"完全吻合，在性质上与承包地"三权分置"中的"承包经营权"完全相同。

宅基地资格权究竟指什么，是各界争论最大的问题，尚未形成共识。在不同的理解下，宅基地资格权的实现方式、灭失方式、产权主体的权限等会有很大差别。

3. 宅基地使用权。2020年《民法典》第一百五十二条明确将"宅基地使用权"定性为物权，界定为具有占有、使用权能的土地用益物权。物权具有排他效力和优先效力，能起到保护产权主体对宅基地占有、使用的积极作用，使主体对宅基地的使用相对安全和稳定。将宅基地使用权和房屋所有权进行流转、合作、入股或自行经营并取得收益，是农户宅基地产权物权化的必然要求。这种权利显然不是租赁农房使用的产权人所应享有的权利，只能是合法申领了宅基地的农户应享有的权利。故此，必须将宅基地使用权分为两种：一种是符合宅基地申领条件的农户对所申领宅基地的使用权——广义使用权；一种是通过租赁或吸收农宅入股所获得的宅基地使用权——狭义使用权。前者是一种物权，符合《民法典》所概括的宅基地使用权含义；后者是一种债权，属于租赁使用权。宅基地"三权分置"中的宅基地使用权应当指后者。

"三权分置"中的宅基地使用权，即以租赁或入股方式获得的宅基地产权，其主体究竟有哪些权利，需要进一步明确。比如，如果允许租赁宅基地搞农产品加工，这样的土地还是住宅用地吗？如果允许租赁来的宅房搞乡村旅游，这样的土地是否还能再作为宅基地使用？如果允许租赁来的农宅搞其他产业，是否会影响村庄百姓的正常生活？这些都需要审慎考虑。宅基地制度除了与农民的生产生活息息相关，也与乡村的形态和治理机制关系密切。有的地方将富余的宅基地通过规划调整，转变为集体经营性建设用地并进行入市流转或自建商业用房经营，这自然解决了宅基地闲置或低效利用问题，但实质却完全改变了宅基地自身的属性。

对宅基地入股或出租的年限，即狭义宅基地使用权的设立年限，是否有限定也要明确。《民法典》规定，"租赁期限不得超过二十年，超过二十年的，超过部分无效"。但现在一些地区的试点做法中却突破了这一规定。如浙江瑞安、文成县两个试点规定，农房（宅基地）使用权可以流转、抵押，流转最高期限为30年。

此外，对宅基地使用权的交易范围是否有所限定？唐朝规定，“天下诸郡逃户，有田宅产业，……先已亲邻买卖”（《唐会要》卷八五）。五代十国规定，“如有典卖庄宅，准例房亲邻人合得承当。若是亲邻不要及著价不及，方得别处商量，和合交易”（《册府元龟》卷六一三《定律令》）。宋朝规定，“应典卖倚当物业，先问房亲；房亲不要，次问四邻；四邻不要，他人并得交易。房亲着价不尽，亦任就得价高处交易”（《宋刑统》）。元朝规定，“前去立账，遍问亲邻，愿与不愿执买，得便与人成交毕日”（《中国历代契约会编考释》）。明朝的规定跟元朝相同，一直沿袭到清朝，甚至到民国时期，“求田问舍，先问亲邻”的规矩还在部分地区延用。[151]这些不能仅仅看作对百姓财产权的限制，还应当看作对乡村亲族秩序的维护。现在社会流动性增强，村民的宗族性减弱，自然不能再采取这种管制方式，但宅基地使用权交易范围是否完全不受限制也应当慎重考虑，比如是否允许外国人长期租赁使用等。

总之，关于宅基地“三权分置”的含义，尚未形成共识，更没有完善的政策体系。关于宅基地所有权、资格权和使用权本身，不同的人有不同的解读，不同的试点地区也有各自的理解和做法，大家仍在探索。且不能单纯以为通过宅基地“三权分置”、允许宅基地使用权流转就能解决宅基地闲置和低效利用问题，因为在人口不断流出的落后地区村庄，宅基地使用权恐怕根本没有市场。与其让一个抽象的词汇束缚学者和实践者的思维，不如让大家从宅基地管理和利用中的实际问题出发去思考并探究解决问题的出路，进而进行宅基地制度改革。

三、各地对宅基地“三权分置”的探索

各地对宅基地“三权分置”的改革创新主要体现在对宅基地资格权的含义及其实现方式、宅基地“使用权”具体权能的确定、闲置宅基地利用和处理方式等方面的探索。

(一)关于宅基地资格权认定等的探索

1. 安徽省池州市东至县的探索。 东至县认为宅基地资格权是指保障农村集体经济组织成员实现基本居住需求的权利。因此,其产权主体是集体经济组织成员个人。但同时强调,宅基地资格权的实现应以“分户建房”的“户”为单位提出。

东至县宅基地资格权的认定条件是:出生时,父母双方或一方为本集体经济组织成员,且本人依法取得本集体经济组织所在地常住户口的;基于婚姻关系或者收养关系,将户口迁入本集体经济组织所在地的;因国家建设和其他政策性原因,依政策规定或依法将户口集体迁入本集体经济组织内,不再保留原户口所在地宅基地并注销登记,在本集体经济组织生产、生活的;其他将户口依法迁入本集体经济组织所在地,并经本集体经济组织村民会议三分之二以上成员或者三分之二以上村民代表同意,接纳为本集体经济组织成员的;其他符合法律、法规或政策规定享有宅基地资格权的人员。

同时规定,非本集体经济组织成员在农村合法拥有住房而享有宅基地使用权的,不享有宅基地资格权;但经本集体经济组织村民会议或村民代表大会讨论,并依法表决同意的除外。

东至县规定,毕业后户籍迁回乡镇集体户的大中专院校学生、现役退役离退休士官和政府安置的退役士兵、现服刑的原农村居民可保留宅基地资格权。非本集体经济组织成员应统筹考虑户籍关系、农村土地承包关系、对集体积累的贡献等前置条件,在遵守相关法律法规的前提下,由村民会议或村民代表大会讨论,经依法表决同意后予以认定宅基地使用年限及适用范围。

东至县也规定了宅基地资格权灭失的情形,包括:宅基地资格权人死亡的;宅基地资格权人被招录为国家公务员、事业单位等正式编制工作人员的;军队干部转业后享受房改或住房优惠政策等住房保障待遇的;书面形式自愿放弃本农村宅基地资格权的;其他法律、法规或政策规定丧失宅基地资格权的。

2. 浙江省宁波市象山县的探索。 象山县主要探索了农村宅基地资格权认定和实现问题。象山县宅基地资格权人需要具备下列条件之一：村集体经济组织成员；因经商、务工、求学、参军等离开农村在城镇居住，依然享有农村土地承包经营权的人员；其他符合法律、法规或政策规定享有宅基地资格权的人员。

同时规定，出现下列情形之一的，宅基地资格权灭失：宅基地资格权人死亡的；宅基地资格权人被招录为国家公务员、事业单位工作人员的；军队干部转业后享受房改或住房优惠政策等住房保障待遇的；户籍迁入设区的市，不再保留农村土地承包经营权的；其他法律、法规或政策规定丧失宅基地资格权的情形。

象山县规定宅基地资格权人居住权的实现方式包括申请宅基地建房和“以权换房”（向城乡住房保障部门申请城镇保障性住房）。宅基地资格权不可转让，但可以放弃或申请有偿退出。符合建房条件的宅基地资格权人在城镇落户、放弃宅基地使用权的，可以向村集体组织申请有偿退出，由村集体组织根据实际作出决定。落户城镇的农民有偿退出宅基地使用权，或者“以权换房”落实城镇住房保障待遇后返回农村建房或购房居住的，应退出原所得收益加银行同期存款利率或城镇住房保障待遇。对“一户多宅”清理出来的宅基地，以及“以权换房”落实城镇住房保障待遇的宅基地资格权人，不适用有偿退出补偿的规定。有偿退出宅基地使用权后，户内其他成员不得另行申请建房或购买农房。

（二）关于存量宅基地处理的探索

1. 四川省彭州市的探索。四川省彭州市葛仙山镇借助社会资本发展乡村旅游业，通过宅基地有偿退出产生建设用地空间，打造乡村旅游及休闲农业提档升级示范区。引导农户自愿将现有确权的宅基地进行腾退和“变现”，改善自身生产生活条件，逐步建立起一套农户自愿有偿腾退宅基地的机制和办法。

具体做法：成立由国土资源、规划等部门和葛仙山镇参加的农户自愿有偿腾退宅基地改革试点工作推进小组，通过挨家挨户摸底调查、发放宣传资料，了解农户的意愿，召开群众大会和户代表会议，与农户一起开会协商，进行政策宣讲。由群众自主决定是否参与、选择安置方式和确定利益分配方案，让农民群众做腾退宅基地的实施主体。

农户自愿腾退宅基地后，可以自主选择三种安置方式：一是就地安置，农户从一个点位腾退到另一个点位，小院并入大院；二是就近安置，选择在点位周边附近的小区或农民集中安置点进行安置（葛仙山镇安置住房来源于灾后重建安置房中的剩余部分，房屋属于国有资产，腾退宅基地的农户通过竞拍获得集中安置点住房）；三是货币终结安置，农户自愿有偿腾退宅基地并获得相应收益后，自由到城镇购房落户。安置后，农户拥有的集体经济组织成员身份、土地承包经营权、集体收益分配权等仍然保留，但不得再向村集体重新申请宅基地。

农户腾退出来的宅基地，先依法收归集体经济组织，再经国土资源部门重新将其按土地利用总体规划确定为集体经营性建设用地；规划部门按照国土资源部门颁发的集体建设用地图斑作规划红线图，出具规划许可手续，确保项目符合镇村规划和产业发展规划。在依法取得国土和规划等手续后，由村集体经济组织向彭州市公共资源交易中心申请挂牌交易，投资业主通过投标方式竞价摘牌，成交价格最终由市场决定。如某乡村酒店利用 5 户农户腾退的宅基地经营餐饮、会务、休闲娱乐等；某企业利用 1 户农户腾退的宅基地，经营中西餐餐饮、棋牌、住宿、会务等；某民宿经营公司获得三块集体经营性建设用地（由原宅基地变性而来）的《不动产权证书》，载明土地用途为商服用地，权利类型是集体建设用地使用权，使用期限为 40 年。

腾退宅基地产生的收益分配方案由群众自主确定。由村集体经济组织与农户共同协商，确定利益分配方案。腾退宅基地出让所得收益，扣除规划、交易等费用成本后，预留部分收入给集体，剩余部分全归农户自己。

但试点以来，彭州市宅基地有偿退出的农户极少，因为村集体经济组织没有资金补偿给宅基地退出农户。在宅基地自愿有偿退出意愿相对较强的偏远丘陵地区和山区，多数县财政实力有限。所以，宅基地盘活基本是需求导向的，需要先有投资方看中这个地方，再与农户和村集体协商。

2. 四川省成都市邛崃市的探索。2013 年“4・20”芦山地震灾后重建时，为了推动农民向城镇集中，邛崃市出台了自愿有偿退出宅基地的政策，农民自愿放弃宅基地进入城镇的，可得到一次性货币补偿。对在邛崃城区和羊安镇、夹关镇、火井镇购买商品房的农户，其腾出的宅基地按 30 万元/亩给予一次性货币补偿，同时根据商品房面积大小，市财政再给予 1.0%～1.5%的购房补贴；对在邛崃市域范围外购房的农户，腾出的宅基地按 10 万元/亩给予一次性货币补偿。对于因为历史原因拥有“多宅”的农户，退出多余宅基地的，按照 7 万元/亩给予补偿。

邛崃市宅基地退出政策中的补偿资金来自城乡建设用地增减挂钩。具体操作方式是，通过土地综合整治项目将宅基地复垦为耕地，将腾退的建设用地指标卖掉，换取宅基地退出补偿资金。但许多村庄没有被纳入土地综合整治区，也就没有了宅基地退出补偿资金的来源，而且农户宅基地大多是分散的，难以连片建设，因此宅基地有偿退出不容易开展。为此，成都市建立了零星宅基地的收储机制：对于暂时不具备土地综合整治项目立项条件，又不能在本集体经济组织内部转让的零星宅基地，可由区市县或者乡镇政府对其宅基地进行收储。待具备土地综合整治项目立项条件后，再以村为单位将收储的宅基地集中打捆包装成农村土地综合整治项目。

成都市也在探索制定宅基地退出补偿标准，要求不低于成都市土地整理建设用地指标的价格，即 30 万元/亩。在灾后重建政策结束后，邛崃市的农户自愿有偿退出宅基地的补偿标准定为 25 万元/亩，没有土地综合整治项目的零散宅基地也参照这一标准进行补偿。

但农民向外部转移有很大不确定性，拥有宅房仍被多数农民视为最后的“救命稻草”。邛崃市“4·20”地震后，城乡建设用地挂钩项目区自愿申请有偿退出宅基地的农户仅占参与总户数的 1.9%。农户退出意愿的有限性和投资方需求的有限性，使得现在农户宅基地退出参与率不高。

成都对农户宅基地退出程序有详细的规定：坚持自愿原则，农户需提交该户全体成员签名的自愿放弃宅基地的申请书；村集体经济组织经村民会议三分之二以上人员或三分之二村民代表同意，再报乡镇政府批准。农民退出宅基地后，仍是集体经济组织成员，原承包地、林地、集体股权等权益全部保留。

3. 上海市奉贤区南桥镇的探索。上海市奉贤区南桥镇主要探索了宅基地“股权化”的退出机制，通过“上楼+货币补偿”的方式，将原本闲散、空置、破旧的宅基地盘活。

上海市政府印发的《上海市农村村民住房建设管理办法》指出，相对集中居住工作推进中选择“上楼”的村民，可按原有宅基地面积获得面积 180～200 米^2 的住房。由于南桥镇部分村民的宅基地平均面积达 250 米^2，对于超出置换范围的面积，南桥镇按照每平方米 1.71 万元的价格给村民进行货币补偿。货币补偿有多种兑现方式，村民可以选择直接领取现金，也可以选择领取股权证。

南桥镇农民相对集中居住项目的签约户可参股投资项目，每股 30 万元，每户能且仅能参与一股，参股资金保底收益率不低于 5%。这部分股权在进入和退出机制上都是自由的。如果村民后期想要退出，可随时申请取出这部分资金，但是资产的增值部分不算在内。

南桥镇之所以将 30 万元确定为一股，是因为现在村民住进集中安置小区后，物业、买菜等生活成本有所增加，但由于安置户的承包地还在，他们享受的依旧是每月 1 000 余元的“农保”（即上海农村养老保险）。而若要保证村民原有生活水平，则每年需要增加 15 000 元左右的生活保障费，所以 30 万元的股本乘上 5%的收益率，一年就可以给他们带来 15 000 元的收入。

政府和集体的收益具有多样性，既有租金收入也有税收收入，因而年回报率可以达到 5%。若仍不足 5%，镇上成立的一家专门运作宅基地股权化的公司会对差额部分进行贴补。

4. 浙江省义乌市的探索。2015 年义乌市率先提出宅基地资格权，实行资格权按人分配、按户控制、有偿调剂，允许以资格权面积为基数按 1∶5 比例置换城镇产权房和产业用房，探索多途径实现资格权。

在存量宅房优化配置方面，义乌市建立了宅基地村内有偿调剂机制。农村更新改造取得的宅基地分配权在落地前，权利人自愿放弃落地权退出宅基地的，在确保“户有所居”的前提下，遵循自愿有偿的原则，可由村级组织统一回购，再通过市场公开配置方式有偿调剂给本村集体经济组织的其他成员。自愿放弃宅基地落地权退出宅基地的村集体经济组织成员，应确保拥有人均不少于 15 米^2 建筑面积的居住用房。有偿调剂的受让对象为本村集体经济组织成员，受让人调剂面积和已有审批面积之和不得超过本村更新改造政策规定的最大户型面积，并应符合规划建设要求；权利人退出宅基地后剩余面积也应符合规划建设要求。

义乌市建立了农村宅基地使用权转让机制，规定农村宅基地使用权可以在义乌市范围内、对符合条件的农户进行转让，“农村宅基地使用权人自愿将依法取得的农村宅基地使用权连同地上建（构）筑物，按规定的程序和约定的条件通过买卖、赠与、互换或其他合法方式转让给本市特定受让人”。受让人依法享有宅基地使用权及地上建（构）筑物的占有、使用、收益、处分权利。已完成新农村建设的村庄，经村民代表会议同意，所在镇人民政府（街道办事处）审核，报国土资源局、农业农村局（农办）备案后，允许其农村宅基地使用权在义乌市行政区域范围内跨集体经济组织转让。

宅基地使用权转让中的受让人必须符合下列条件：为义乌市行政区域范围内的村级集体经济组织成员；在同一行政村内转让取得的宅基地，其面积不得超过《义乌市农村宅基地取得置换暂行办法》及相关配套政策规定的最大户型面积。

跨集体经济组织转让实行宅基地所有权、资格权和使用权相分离，转让后使用年限最高为 70 年，使用期届满后受让人可优先续期，并实现有偿使用。在同等条件下，本村集体经济组织有优先回购权，本村集体经济组织成员也有优先受让权。未实施或正在实施新农村建设的村庄，允许在本村集体经济组织内部转让，受让方必须是符合申请建房条件的本村集体经济组织成员，且受让后面积不超过《义乌市农村宅基地取得置换暂行办法》及相关配套政策规定的按户控制面积。

宅基地使用权转让方不得再申请新的宅基地，未实施新农村建设的农房产权互换除外。受让方仍可在原村级集体经济组织按《义乌市农村宅基地取得置换暂行办法》及相关配套政策和村级组织细化的实施细则参加新社区集聚或农村更新改造。宅基地使用权转让方为村级集体经济组织成员的，必须保证转让后仍拥有人均建筑面积不低于15 米^2 的合法住宅。

跨集体经济组织转让的，受让人应与村级集体经济组织签订宅基地有偿使用合同，并按不低于农村宅基地基准地价的 20%一次性缴纳土地所有权收益，具体标准由村级集体经济组织民主决策决定。在使用年限内再次转让的，不再缴纳土地所有权收益，但应扣除已使用年限。土地所有权收益归村集体经济组织所有，土地所有权收益管理和分配按《义乌市农村集体经济组织宅基地收益分配管理指导意见》执行。

5. 河北省石家庄市的探索。在存量宅基地管理方面，石家庄市进行了如下探索：一是加强对“一户多宅”翻建、改扩建的监管。村民一户只能新建、改建、扩建或者翻建一处住宅。“一户多宅”的，农户只能对确权的住宅进行改建、扩建或者翻建，未经确权的不得改建、扩建或者翻建。因继承、赠与或购买房屋造成“一户多宅”的，鼓励和引导农户自愿有偿退出闲置宅基地。二是强化规划和用途管理。村民改建、扩建和翻建住宅时，要符合村庄规划要求，不得超过农村宅基地确权登记面积。异址新建的，应在新房竣工验收后 6 个月内自行拆除原宅基地上的建筑物和其他附着物，并将原宅基地退还集体。经批准的农村宅基地，只能用于农村村民住房及其生活附属设施建设，不得改变土地用途和住房自用性质。农村村民在村庄规划制定前经批准已建成使用的不符合新村庄规划的住宅，一般不得翻建、改建、扩建。三是加强对非集体经济组织成员翻建、改扩建住宅管理。城镇居民和不符合宅基地申请条件的农村村民因继承取得的房屋不得翻建、改建、扩建，在房屋处于不可居住的状态时，危旧房屋要拆除，所占用的宅基地依法由村集体经济组织收回。

在盘活闲散宅基地利用方面，石家庄市规定：支持农村集体经济组织及其成员采取自营、出租、入股、合作等多种方式盘活利用农村闲置宅基地和闲置住宅。农村集体经济组织及成员可依托当地资源、产业优势，发展符合特点的休闲农业、乡村旅游、文化体验、电子商务等新产业新业态，以及农产品冷链、初加工、仓储等农村三产融合发展项目。闲置宅基地与房屋出租时，双方应签订规范的租赁合同，合同中明确约定产权归属和各项权利、义务，特别是对合同到期后的宅基地、住宅及配套设施归属，租赁合同期限不得超过20年。同时规定，盘活利用闲置宅基地和闲置住宅，要严格按照村庄规划和村庄建筑风貌管控要求进行。对闲置宅基地及住宅进行改造和使用：未经村集体或农户书面同意和有关部门批准，投资人不得擅自对住宅进行改造和改变用途；装修改造要在原有房屋基础上进行，不得超出原住房面积进行改建和扩建。

（三）关于宅基地资格权实现方式等的探索

这里仅以河北省定州市的探索为例，进行介绍。

在宅基地资格权的实现方式上，定州市提出了分区域差别化处理的方式：城镇开发边界外的村庄，实行“一户一宅”的宅基地分配制度；城镇开发边界内的村庄，主要通过集中建设农民公寓、农民住宅小区等方式满足农民居住需要。已经在城镇稳定就业并纳入城镇职工社会保障体系的村民，可通过纳入城镇居民住房保障体系实现户有所居。

在宅基地资格权的落实方面，定州市规定：第一，农村集体经济组织要通过盘活村内闲置宅基地等多种方式，依法保障资格权户的资格权实现。第二，宅基地资格权户在自愿的基础上，可以选择向本村集体经济组织申请分配宅基地统规自建、统规联建住宅，在城镇开发边界内统规统建住宅小区（农民公寓）；可以选择通过在定州市市域范围内购买流转宅基地；也可以选择到城镇、市区购买商品房、申请保障性住房。第三，定州市无宅基地的资格权户自愿放弃资格权，进城购买商品房落户的，由本人提出书面申请，经村民代表大会或村“两委”会研究同意，报所在乡镇（街道）审批后，以户为单位发放一张“节地房票”。农户凭“节地房票”到市区购买商品房的，可以在议定房价的基础上，享受一套房的优惠（宅基地基准地价×200米^2）；不到市区购买商品房的，可凭票到所在乡镇（街道）领取相应现金，但要写出放弃宅基地资格权的书面承诺书。凭“节地（退地）房票”进城申请保障性住房的，保障房租金予以20%的优惠。待资格权人购买商品房时，依旧享有相应购房补贴优惠。第四，定州市有宅基地的资格权户自愿放弃资格权，进城购买商品房落户的，由本人提出书面申请，经村民代表大会或村“两委”会研究同意，报所在乡镇（街道）审批后，以户为单位发放一张“退地房票”。“退地房票”要对该资格权户宅基地所建农房进行评估作价以及宅基地基准地价折算宅基地面积的价格进行明确标注。农户凭“退地房票”到市区购买商品房的，可以在议定房价的基础上，享受其上标注的价格优惠；不到市区购买商品房的，可凭票到所在乡镇（街道）领取相应现金，但要写出放弃资格权和退回宅基地的书面承诺书。第五，放弃宅基地资格权的资格权户，其享受的社保政策参照被征地农民养老保险政策执行（宅基地基准地价折算宅基地面积给予养老保险补贴，无宅基地的资格权户按 200 米^2 计算）。

在宅基地使用权的具体权能方面，定州市规定：第一，在符合规划和用途管制的前提下，宅基地使用权可以通过出租、入股、转让、互换、赠与等方式在全市范围内进行流转。第二，在防范风险、权属清晰和保证农民有稳定住所的前提下，允许宅基地使用权人将住房财产权（含宅基地使用权）抵押融资。第三，在坚持规划管控、合理布局、科学有序的基础上，允许农村集体经济组织及其成员通过自营、出租、入股、合作等多种方式，盘活利用农村闲置宅基地和地上房屋，经批准后用于兴办农村电商、民宿、餐饮、养老、文化等产业和符合条件的小型加工业等农村新产业、新业态，允许返乡下乡创业人员与农民合作建房。第四，将宅基地使用权出租、转让的，出让方应当向农村集体经济组织缴纳宅基地增值收益调节金，收取比例为合同价款的 4%。

四、宅基地制度改革的基本原则与具体设想

（一）基本原则

1. 宅基地制度改革，应从当地实际问题出发。虽然有了所有权、资格权、使用权“三权分置”的构想，但关于资格权的含义难以达成共识。“资格权”究竟属于“成员权”还是“财产权”，是物权还

是债权，是集体组织成员（村民个人）的权利还是“农户”的权利，以及哪些人有“资格权”等，都争论不清。而实际上，这些争论永远不会停息，想要等理论上达成共识再进行改革，并不可行。

我国宅基地制度是历经长期变革形成的，是“集社会、文化与经济等功能于一体的制度结构”，“经济结构变革与村庄转型”诱致其制度变迁[152]，致使这种看似无效率的制度能够长期存在。也正因如此，宅基地制度的改革充满矛盾和挑战。宅基地是资源，是财产，是社会活动场所，是乡村社会经济的一个舞台。宅基地的不可移动性决定了其产权主体之间需要紧密协作，宅基地产权不能完全私有化，否则将陷入“反公共牧地悲剧”。“法律命题的正当性和合理性永远都根源于社会的现实生活”，农村宅基地制度如何改革，“在法律逻辑体系和经济学的逻辑体系中永远都找不到答案”，“必须深入全面地观察和研究中国社会”。[153]

宅基地制度改革应当从各地的实践需要出发，从现实矛盾出发。明晰当地宅基地管理的核心问题究竟是宅基地闲置、农村住房闲置、宅基地无序扩张，还是宅基地难以满足需要，抑或宅基地布局混乱影响存量宅基地有效利用，只有明确了这一问题，才能有的放矢地进行改革。

2. 宅基地制度改革，要鼓励各县市根据中央精神自主创新。各地的宅基地利用情况千差万别，当前的许多改革典型和经验基本来源于发达地区，不具有普适性。各地应当深切领会中央精神，去开创适合自己的改革措施。第一，维护集体所有权、保障农村居民的居住权，这是底线。第二，激发宅基地的财产属性、增加农民的资产性收入，这是乡村振兴的客观需要。第三，优化城乡用地结构、提高村庄土地利用效率，这是城乡统筹发展的需要，也是粮食安全的需要。各地应当基于这三条精神来积极探索宅基地制度的改革措施。

要鼓励基层政府创新宅基地管理制度。各级政府要有敢为天下先的精神，只要认真领会中央精神，一切从百姓利益出发、从可持续发展需要出发，改革的大方向就不会有问题。只有将中央精神和地方实践结合起来，创造性地落实中央的改革部署，才能推动社会经济的健康发展。

（二）具体设想

1. 改革当前农村宅基地的供给机制。 对农村新增家庭不再发放单家独户的新宅基地，而是采取以下措施解决其住房问题：第一，给予购房补贴，让新增家庭自行购置住房。[154]第二，允许新增家庭购买本乡镇甚至本县范围内集体组织的新民居或农村住房，在宅基地总量不增的情况下，解决其住房问题。第三，在中心村、中心乡镇、工业园区、县城等建设集中安置房、共有产权房、廉租房，解决新增家庭住房问题。今后新增农户的住房保障应以城镇为主，城乡统筹解决。用保障房、集中安置房、廉租房、商品房购置补贴等解决进城农民的住房需求；用村内存量房、中心村新民居来保障留村人口的住房需求。

2. 进行存量宅基地整治和规范管理。 对非法占用的宅基地、违反规划的宅基地、违规发放的宅基地进行清理整顿，通过确权发证把合规与不合规的宅基地区别开来。对违规的宅基地，必须拆除的要坚决拆除；可以不拆除的按年收取使用费；对于超占的宅基地按超占面积收取使用费。对非本集体组织成员继承的宅房、本集体组织成员因继承而产生的非第一套宅房，适当收取宅基地使用费。在土地征收、村庄建设占用时，对于非法宅房不给予任何补偿；对于合法宅房中的超标占用部分也不给予补偿；对于非本集体组织成员继承的宅房、本组织成员继承来的非第一套宅房只给予宅基地上建筑物、附着物的补偿费。继承来的房屋不能翻建，房屋破旧无法居住后，宅基地由村集体经济组织收回。

3. 允许村民在一定范围内流转合法合规宅房。 第一，允许村民出租宅房，但租期不能超过 20 年，也不能超过房屋的剩余使用寿命，出租对象不受限制。第二，允许县域范围内的村民之间住房买卖，并规定住房的总寿命期为 50 年（从申领宅基地开始算，依法依规翻建的，从翻建时开始计算）。第三，对购买宅房者在县域范围内的宅房数量和规模要有一定限制。

4. 允许利用宅房或宅基地资源发展涉农相关产业。允许村民利用宅房与城乡资本合作，发展乡村旅游、养老、农产品加工等产业。允许村集体经济组织开展村庄建设用地整合，在满足村民居住需要的前提下，经过村民同意，进行村庄建设用地重组。第一，允许村集体经济组织优化村庄建设用地的布局和利用结构，进行村庄基础设施建设，打造生态宜居村庄。第二，允许村集体经济组织将居住用地、集体经营性建设用地、公益公共基础设施用地统筹考虑，重新规划，通过宅基地整理，扩展二、三产业发展空间。政府部门要给予规划指导和规划变更服务。

5. 建立城乡统筹的住房保障体制。住房保障必须以城镇为主，城乡统筹解决。坚持用保障房、集中安置房、园区房、廉租房等为主体，满足进城农民的住房需求；用中心村新民居保障留村新增人口的住房需求。乡村不再发放单家独户的新宅基地。需要新宅基地的，可以到中心村的新民居、乡镇的安置小区或商品房小区购买，由政府按照集体建设用地指标交易价格给予补助。对于需要在村内居住、父母住房又难以满足其需要的，允许自行在村内购买现有农宅。如此一举多得，一是满足了新增人口的建房需要，二是实现了宅基地的有偿退出，三是实现了宅房的有效利用。

6. 逐步走向农村宅房自由交易。当前的宅基地政策是城乡分割、人口凝滞、计划配置资源的产物，已经不适应城乡融合、人口流动、市场配置资源的市场经济需要。在计划经济下，居民的生活保障要么由企业管，要么由集体管，要么由城市社区管。住房是生活保障的一部分，并不是商品，也就不能成为居住使用者的私产。现在城镇居民的生活保障社会化了，住房自然要跟着商品化，城市的单位住房纷纷通过房改方式实现了私有化。但是，仅仅因为占用的土地是集体的（实际集体也是集体成员自己的集体，从根本上说，宅基地是集体成员自己的，根本谈不上福利分配问题，顶多是集体内部公平分配的问题），农民自己出资建成的房屋的产权却不能完全归自己。城里房改后，职工出成本价把房子变成自己的，可以自由流转；农村的住房虽然是农民自己花钱建的，却不能自由流转，这显然不太合理。现在中央提出城乡一体化发展，这就要求城市资源要能往乡下流动，要求城乡之间的人、资产、资源流动起来，作为农村的重要资源——住宅自然也应流转起来。

当前的农宅虽然表面上不允许作为农户私有财产而自由流转，但却可在村庄改造中实现其财产价值。在城中村改造、旧村改建中，宅基地及房屋实际是被当作村民的私有财产处理的，这间接承认了农户对宅房的财产权。此外，一些地方还在探索宅基地的合作开发利用，允许外部资本与农户合作发展民宿，允许通过整治存量宅基地以发展工商产业或租赁住房，让农户能够利用宅基地获取资本收益。

宅房流转是大势所趋。但由于农户住宅用地的取得是无偿的、无限期的，所以，宅房的流转政策自然要与商品房流转政策不同。一旦宅基地发生流转，则购买者要缴纳土地出让金，同时变无限期使用为有限期使用；或者由购买者按年支付土地租金，变无偿使用为有偿使用。

7. 各地区根据自身情况逐步推进改革。从现实角度看，宅基地政策应当逐渐调整，不能一步到位。当前对农村宅房流转还要进行一些限制。存量宅基地的流转要经过审批，对流转范围和流转后的使用要有所限定——允许在本村或本乡镇务工务农的从业人员以家庭名义购买，对每户宅基地的体量、容积率、用途等进行管制，限制房屋的翻建，重点控制宅房别墅化。从单户宅基地流转讲，流转后的宅房不应再发放宅基地使用证，而应发放建筑物所有权证（一旦建筑物灭失，土地交由村集体经济组织）。

各地情况不同，应采取差别化措施。在宅基地退出方面，要分区制定政策。城镇规划区内，宅基地要进行城镇化改造，实行市场化开发建设（与棚户区改造类似）；自然条件恶劣区或基于国防、生态等建设需要搬迁的区域，要进行整村迁移，退出此地宅基地的农户可在彼处得到一处新宅基地，或者借此机会让搬迁农户住到以楼房为主体的农村社区里；其他区域进行公寓化改造。

应分区处理新增农户的住房需求。人口大量外流、土地不紧张的地区，按现行政策规定有资格申领宅基地的农户可以继续申请宅基地，但应鼓励新增农户购买本村现有闲置住宅，或允许新增农户在县域范围内以成本价购买安置房或者给予购房补贴；建有居住小区或者非农产业发达的地方，不再批给宅基地，但允许新增农户在全县范围内购买安置房或给予购房补贴，同时在村镇建立村民住宅小区；城市控制圈内一律禁止发放新宅基地，但给予新增农户购房补贴或者赋予购买保障房的资格。

第七章

闲置宅基地管理制度改革探索

宅基地管理和利用中的最大问题是无序扩张和低效利用。闲置宅基地退出，对整合村庄建设用地、提高土地资源利用效率，促进农村人口集中居住、改善村民居住条件有重要意义。

第一节　农村宅基地退出制度的探索

2019 年末，我国城市用地、建制镇用地和村庄用地分别为 522.19 万公顷、512.93 万公顷、2 193.56 万公顷，三者之比约为 1.6∶1.6∶6.8，这与我国人口城镇化水平（常住人口城镇化率 60.6%，户籍人口城市镇化率 44.38%）明显不匹配，村庄土地低效利用情况普遍，与我国人多地少、必须珍惜每一寸土地的国情要求不符。[155]农村居民点用地中的 80%是宅基地，所以遏制宅基地扩张、促进村庄土地有效利用是一项非常必要而紧迫的任务。

一、闲置宅基地盘活政策的提出

大量农村人口从乡村走向城市，在城市工作、生活，长期居住甚至定居，导致农村宅房闲置情况越来越普遍。与此同时，随着收入的增长，农民对住房条件的要求越来越高，翻建房屋、新建房屋、买新房屋的现象增多，“一户多宅”和“建新不拆旧”问题显现。另外，由于新中国成立前后宅基地政策的变化，宅基地面积超标占用的历史遗留现象也很普遍，曾经制定的宅基地面积标准与如今执行的《土地管理法》中规定的宅基地面积标准存在一定的差异，对村集体有效管理村庄造成一定程度的困扰，也间接导致农村宅基地利用中的粗放和低效。

党中央与相关政府部门极其重视闲置宅基地盘活问题，对宅基地闲置的相关问题进行了深入探索。2018 年国务院发布实施《关于实施乡村振兴战略的意见》，明确提出我国将完善农村闲置宅基地和闲置农房政策，探索以“落实集体所有权，保障农户资格权，适度放活使用权”为主的农村宅基地“三权分置”政策。2019 年中央 1 号文件提出要拓展宅基地改革试点，丰富试点内容，开展闲置宅基地复垦试点；同年《农业农村部关于积极稳妥开展农村闲置宅基地和闲置住宅盘活利用工作的通知》指出，要积极稳妥开展农村闲置宅基地和闲置住宅盘活利用工作。2020 年实施的新修订《土地管理法》允许集体经营性建设用地在符合规划、依法登记，并经本集体经济组织三分之二以上成员或者村民代表同意的条件下，通过出让、出租等方式交由集体经济组织以外的单位或者个人直接使用；使用者取得集体经营性建设用地使用权后还可以转让、互换或者抵押。

二、闲置宅基地的判定

关于闲置宅基地的界定，学界的研究主要集中在三个维度。一是宅基地土地的闲置。祁全明认为不管宅基地上有没有建筑物存在，只要在一定期限内没有被充分利用的宅基地就应该被界定为闲置宅基地[156]；李文明将闲置宅基地界定为，无论宅基地上有无建筑物，只要由于各种原因无法发挥其功能的，就可以称为闲置宅基地[157]。二是宅基地上所建宅房的闲置。邵恒心将闲置宅基地范围界定为闲置农房并研究盘活途径。[158]三是建造农村居住用房及附属建筑用地的闲置。杨亚楠将宅基地的闲置分为广义和狭义，广义上包括宅基地及其附属建设用地的闲置，狭义上是指宅基地没有被利用，完全空置[159]；谢娜认为本可以建造房屋的宅基地却空置，以及建了房屋和附属设施却没有发挥其效用的都是闲置宅基地[160]。

实际上，对于闲置宅基地的界定，应当从宅基地本身闲置和其上附属建筑物闲置两方面进行分析。宅基地本身闲置是指已批准建房的宅基地未建房；其上附属建筑物闲置是指已建房且能满足居住需求的宅基地没有发挥其居住功能及附加功能，宅基地上房屋及其上附属建筑物都没有发挥功能才将其定义为闲置。闲置宅基地应包括批而未建、举家搬迁、继承性闲置、建新不拆旧的宅基地；同时，由于近年农民外出务工形成的季节性闲置也属于宅基地闲置。

周阳按宅基地是否使用，分为完全闲置型和不定时闲置型，完全闲置的原因可能为搬迁、城镇买房，不定时闲置的原因包括外出打工和低效利用。[161]张容军按闲置时间分为两年以上长期闲置形成的显性闲置和由外出打工形成的季节性闲置，以及部分闲置和低效利用组成的隐性闲置。[162]完全闲置宅基地可以定义为两年或两年以上未使用的宅基地，包括以下几种类型：由于工作等原因在城市或城镇买房，全家人都搬迁进城，农村宅基地不再使用而造成的举家搬迁型宅基地闲置；房屋因无人继承或继承者长期不居住、不使用而造成的继承型宅基地闲置；建新房后旧房不再使用造成的建新不拆旧型宅基地闲置；长期批而未建的宅基地闲置。季节性闲置宅基地可以定义为一年中有半年及以上时间不利用的宅基地，也就是只有农忙时、节假日才能利用起来的宅基地。低效利用宅基地可以定义为宅基地已经不再用来居住与生活，如已外迁农户将宅基地租借给其他农户堆放粮食及农机具或养殖畜禽，经济产出效益低，功能和价值未得到充分发挥的宅基地。

盘活利用从字面上理解就是指采取措施，使资产、资金等恢复运作，重新利用，并使之产生效益。但因为我国土地制度为公有制，村集体土地的所有权属于村集体经济组织，因此，本章所指的闲置宅基地盘活利用包括宅基地流转以及将闲置宅基地退还给村集体经济组织另行分配使用。

三、关于宅基地闲置问题的研究

（一）关于宅基地闲置情况的研究

关于我国农村宅基地的闲置数量及闲置状态，缺乏官方的系统数据，目前学者研究农村宅基地的现状一般是基于个人实地调研的数据。由于个体差异、地区差异和研究方式的差异，闲置宅基地状态的研究结果也有所不同。从全国宅基地总面积来看，陈百鸣、宋伟等对比 1996 年和 2005 年我国宅基地总面积发现，我国宅基地闲置数量不断增加，闲置的面积也在不断增长[163]；从各省市实地调研的角度来看，吕军书、刘颖莹以“百村调查”数据为基础，对 2 880 户农户进行样本数据分析，发现近郊村有半数以上存在“一户多宅”现象，“面积超标”也十分普遍，远郊村更甚[164]；臧慧怡深入苏北地区地级市，调研发现农村人口流出较多，但在这样的情况下，宅基地的建设面积还在增加，实际居住率不高，这种现象也能说明农村宅基地闲置问题日趋严重[165]；眭睦、韩纪江将宁夏分为三个类型的区域——沿黄平原区、中部干旱区、南部山区，分析宁夏农村宅基地闲置率，结果显示闲置问题在经济相对发达的沿黄平原区更加严重[166]；欧晓琴以广西壮族自治区的恭城瑶族自治县为研究对象，发现传统村落（部分为国家级传统村落）宅基地闲置现象严重，有 4 个村闲置率达 80%，2 个村已经完全无人居住，认为恭城在宅基地大面积闲置情况下适宜乡村旅游的发展。[167]

（二）关于宅基地闲置原因的研究

目前关于宅基地闲置原因的研究较多，学者大多从宅基地制度、乡村规划、劳动力转移以及农户传统观念几个方面来探讨宅基地闲置的原因。

刘守英和熊雪锋认为，宅基地制度是影响宅基地闲置的重要因素，要以经济结构变革为内在逻辑，多措并举进行宅基地制度改革[152]；徐玲和肖双喜深入远郊农村，获取远郊农村宅基地的数据，分析其面积超标、“一户多宅”情况，认为存在这些现象的原因是缺乏流转制度与退出渠道等[168]；杨俊等认为宅基地流转困难受政策限制，目前农村宅基地的性质为公有制，农民不能自由流转，而村集体层面也难以处置[169]。做好乡村规划对于减少宅基地闲置有着重要作用，不仅可以解决当前闲置的问题，也能从根源上减少闲置。杨帆等分析宅基地闲置现象众多的原因是规划没有做好，缺乏针对性与协调性，致使农民与管理者之间存在冲突，需要重新规划[170]；程亚英等提出村庄规划对于提高资源配置效率十分重要，规划之后能够保障“一户一宅”，减少闲置现象的发生[171]。随着信息化时代的到来，越来越多农民的视线从农村转向了城市，向城市转移的农民越来越多，由此，季节性闲置的宅基地与完全闲置的宅基地也逐年增多。张淑娴等在江西调研，通过模型测算，得出家庭劳动力的流动对农户宅基地闲置的影响是正向的[172]；赵保海等认为我国农村宅基地闲置产生的原因是年长者由于对农村生活方式的熟悉与适应，腾退宅基地的意愿不强，在政府给的补偿价值小于农户退出宅基地的成本时，认为自身利益亏损，不愿意退出宅基地[173]；刘嘉豪调研了宗族型农村，发现宗族型农村的村民更加注重祖业观念，加之目前宅基地可以继承，他们就把宅基地作为自家的祖产，不愿意退出，因此老旧宅基地的闲置现象越来越多[174]。

（三）关于宅基地闲置对社会发展影响的研究

由于农村闲置宅基地数量增加，对土地以及社会造成的不良影响引发了广泛关注。学者研究闲置宅基地对社会发展的影响主要围绕以下几方面：第一，宅基地的闲置会极大地浪费土地资源。魏晖等认为，土地是生产的基础，一直以来都是人类生活中珍稀的资源，而宅基地闲置现象一直存在，我国人口不断增长，用于建设宅基地的面积越来越紧缺，但粮食需求越来越旺盛，在这种情况下，闲置的宅基地就有可能挤占了能够用作耕地的土地面积，可能会产生粮食供给短缺的不良影响。[175]第二，宅基地的闲置会造成村庄整体环境破败，影响乡村振兴战略中美丽乡村建设。李婷婷等在村庄调研中发现，部分宅基地闲置时间已久，破败不堪，卫生环境恶劣，院墙倒塌风险很大，对村民的人身安全造成了威胁。[176]第三，宅基地的闲置会导致农村居民邻里、亲戚之间矛盾的产生，不利于和谐社会的发展。艾希在湖北村庄的调研发现，大部分农户的思想观念没有转变，仍然认为宅基地是私有财产，有宅基地需求的农户会与多占宅基地的农户产生矛盾。另外，在闲置的老旧宅基地继承方面，也容易引发亲戚之间的争执，破坏乡村人员之间的和睦关系，进而使农民财产权益难以得到切实保障。[177]

（四）关于闲置宅基地流转、退出及其再利用的研究

对于如何利用农村闲置宅基地，学者们提出了大量对策，大多是从农户角度来看的，总体可以分为流转与退出、退出后再利用两个角度。

在宅基地流转与退出方面，夏克勤通过分析各地宅基地流转的实践经验，认为首先应该保障农民的权益，突出物权属性，推动宅基地流转[178]；陈雨欣等认为宅基地流转应分为有偿流转与无偿流转两类，本村集体组织成员之间流转实施无偿流转，非本村集体组织成员流转宅基地实施有偿流转，同时要健全宅基地交易市场，使闲置的宅基地在村集体组织内外流转起来，提高利用效率[179]；陈美球等运用回归模型分析了江西省 200 多户农户对于宅基地流转的意愿和认知，发现农民更愿意流转，却囿于对政策了解较少而难以流转，因此应加大宅基地流转政策宣传，落实宅基地登记制度，健全宅基地流转配套制度，尽快推动宅基地流转[180]。

在宅基地退出及再利用方面，黄璐水、罗海波等针对实地调研中发现的贵州省农村宅基地布局散乱、占地面积超标、“一户多宅”情况，建议政府尽快确权宅基地，保障退出农户权益[181]；余永和分析了宁夏平罗县、江西余江县、浙江义乌市的退出方式和补偿方式，针对其中存在的问题，提出了完善“三权分置”框架下宅基地退出机制，健全农民社会保障等配套制度的对策[182]；陈廷辉、田景杰则认为政府应干预宅基地整合，摸清现有的宅基地数据，严格审批宅基地并控制其增长，大力推进宅基地退出后再利用，提高土地利用效率[183]。关于退出后的宅基地再利用，全国各地实施了试点工作。张成平在江西省鄱阳县试点调研，发现当地利用农户退出的宅基地开发了老年公寓，补充了集体经济，并启动了增减挂钩政策，整体搬迁复垦 390 亩，农民以土地入股产业，既盘活了土地，又增加了农民收入。[184]要维维调研了山西省长子县试点，该试点将村内之前退出的宅基地发放给村民使用，解决村民住房需求，村外的地块用来建设基础设施美化村庄环境。[185]黄国勇调研了广西壮族自治区北流市试点，北流市首先鼓励“一户多宅”的家庭与进城农民退出宅基地，然后按

照“一村一规划，一村一方案”的工作思路，因地制宜开展宅基地制度改革试点。[186]浙江省绍兴市分区实行宅基地盘活措施，分别是“产权交易公司＋农宅经营服务站＋农户”和“统一收储、回购、返租、入股”的模式，宅基地的盘活利用对农民增收起到了很大作用。[187]天津市蓟州区对位于山区、平原、文化名村的宅基地作出了不同规划，山区宅基地优化村庄布局，改善村庄环境，村集体依据产业发展规划集中管理宅基地；平原地区与经济发达乡镇结对子，运用增减挂钩政策，共享土地增值收益；文化名村打造优质高端路线，启动实施精品民院旅游项目。[188]北京市采取“农户＋村集体或合作社＋社会资本投资”“农户＋村集体或合作社”“农户＋社会资本”三种方式盘活宅基地，并因地制宜发展多种产业，取得显著成效。[189]

第二节 通过退出解决宅基地闲置问题：以辛集市马庄乡为例

一、辛集市马庄乡的基本情况

（一）自然条件

马庄乡位于河北省辛集市东南部，东部、东南部与衡水市为邻，南部、西南部与王口镇相邻，西部与南智邱镇相邻，北与新城镇接壤。总占地面积 11.15 万亩，其中耕地 8.2 万亩，其他用地 2.95 万亩。

马庄乡位于 230 国道以东，中间穿插天王线乡道，交通便捷。其地理位置处于华北平原腹地，各村的分布以 S392 省道为中心，整乡分为东、西两部分，台家庄村、西石干村、赵古营村、回生村等 12 个村位于省道以西，南李家庄村、芦家庄村等 7 个村位于省道以东，乡政府所在地马庄村横跨 S392 省道。省道上运输车辆过往很多，为发展餐饮住宿行业提供了机遇。

马庄乡处于温带湿润地区大陆性季风气候带，冬季寒冷夏季炎热，地势平坦，地形起伏较小，气候、地理环境都十分适合农业发展。马庄乡农村居民多数从事农业生产活动，由于距离辛集市较近，有部分年轻人进城务工，这种农业生产与外出务工相结合的生活方式在华北平原地区的农村居民点非常典型。

（二）经济条件

马庄乡共有农户 8 085 户，人口 2.79 万。粮食作物以小麦、玉米为主；主要经济作物有棉花、油料作物、蔬菜，其中油料作物以花生为主，花生种植面积达 1.2 万亩，蔬菜主要品种有白菜、黄瓜、番茄、茄子。截至 2018 年第三次农业普查，马庄乡有规模以上工业企业 2 家，综合商店或超市 34 家。2018 年公共财政收入完成 247 万元。

二、辛集市马庄乡宅基地利用情况

通过实地走访马庄乡辖区内基层干部和农户，了解当地宅基地利用情况，最终从村和户两个角度获得宅基地利用的一手数据资料，其中村有效问卷 20 份、户有效问卷 242 份。通过问卷资料分析发现，马庄乡宅基地利用效率不高。

（一）“一户多宅”现象明显

宅基地是对农民的社会保障，农民可免费申请，具有一定的福利意义，但当前的宅基地制度没有将使用权与宅基地上所建房屋分开，这就意味着宅基地的使用权会随着房屋所有权的转移而转移，因此通过继承、流转（有些流转是违规的）等方式获得宅基地上附着房屋的同时，农民也获得了宅基地的使用权，导致“一户多宅”现象的发生。大多数农村家庭人口数并没有达到需要多处宅基地的程度，拥有多处宅基地不仅是资源的浪费，也反映出宅基地资源在集体内的分配不均。

调研发现，马庄乡有 1 处宅基地的农户有 183 户，占比 75.6%；有 2 处宅基地的农户有 55 户，占比 22.7%；有 3 处及以上宅基地的农户有 4 户，占比 1.7%（表 7－1）。家里有两三处宅基地的多半存在宅基地闲置情况。由于“一户一宅”政策的施行，村内审批宅基地时会考虑农户是否已有宅基地，对于已有宅基地的农户，村集体不会再批准新的宅基地，因此在现实中基本没有由于村里审批导致的“一户多宅”情况。自 2002 年后，马庄乡宅基地的数量、占地面积趋于饱和，很少批准新宅基地。

马庄乡“一户多宅”的成因主要包括：一是继承。20 世纪中后期，年轻人因结婚向村集体申请并获得了宅基地，父辈去世后又继承了父辈的宅基地，就拥有了 2 处宅基地的使用权。二是购买。旧宅基地居住条件差，周边土路较多，胡同较窄，交通不便，部分农户无法忍受恶劣的环境，迫切想改变现状，便流转、购买了他人的宅基地用来居住。

表 7-1 马庄乡宅基地利用情况

宅基地数量	数量（户）	比重（%）
1 处宅基地	183	75.6
2 处宅基地	55	22.7
3 处及以上宅基地	4	1.7

（二）存在“低效利用”现象

宅基地最重要的功能是保障农民的基本生活，为农民提供居住场所，如果宅基地使用权所属的农户已经在其他地方得到了应有的生活居住保障，此处宅基地只是发挥一些附加功能，比如堆放杂物和粮食，或者用来种植养殖，即低效利用现象。

在华北平原地区，很多农户会把农业生产迁入宅基地中，宅基地除了最主要的居住功能，还多了种植果蔬、养殖畜禽、储物储粮的附加功能。有些农民只利用宅基地的附加功能造成宅基地的低效利用。部分农民继承了老宅，但本身在其他宅基地居住，仅仅使用老宅的庭院；还有部分农户本身有宅基地，但本着能占则占的心理购买他人的宅基地，实际上最多使用其庭院种菜、储物等。

调研发现，马庄乡 16 处宅基地存在这种低效利用的情况，占 5.2%，其中利用宅基地储物储粮的有 9 处，种植树木或蔬菜、养殖家禽的有 7 处。

三、宅基地闲置现状

（一）宅基地闲置率

通过马庄乡 20 个村庄 305 处宅基地的调查发现，用于自住的宅基地有 238 处，占比 78.0%；用于经营的宅基地有 7 处，占比 2.3%；闲置的宅基地有 44 处，闲置率约为 14.4%。

由于入户调研存在一定的局限性、片面性，所以计算闲置率以各村的统计数据为准。马庄乡整乡的宅基地闲置率平均为 11.53%，闲置率较高的有中东石干村、西谢村，分别为 27.5%和 24.5%。在中东石干村，举家搬迁型闲置和外出务工季节性闲置较多，继承型闲置较少。中东石干村东部、南部与两条乡道相邻，有一条乡道直通安新线国道，便捷的交通为农户外出务工提供了良好条件，被城市教育资源吸引的学生进城读书也更为便捷，闲置宅基地的数量与其他村相比更多。而在西谢村，继承型闲置占主要部分，也有一些外出务工季节性闲置。西谢村位于马庄乡中心位置，紧邻马庄村，村民大多以农业经营为主，中年、青年人对宅基地的需求较大，而老一辈遗留下来的宅基地也由他们继承，但他们并不居住，造成该村继承型宅基地闲置的现象较多。台家庄村、马家庄村、辛村等村的宅基地闲置率较低，都在 5.0%以下。在这些村庄，农户大部分以传统农业经营为主，外出务工人员较少，对宅基地的需求较大，闲置的宅基地基本在内部完成流转并实现有效利用（表 7-2）。

表 7-2　马庄乡各村庄宅基地闲置率

村庄	宅基地总数（处）	闲置宅基地数（处）	闲置率（%）
马庄村	997	150	15.0
芦家庄村	215	30	14.0
南朱家庄村	230	13	5.7
李家庄村	221	23	10.4
台家庄村	325	15	4.6
马家庄村	300	10	3.3

（续）

村庄	宅基地总数（处）	闲置宅基地数（处）	闲置率（%）
东营村	400	36	9.0
辛村	400	10	2.5
北营村	516	40	7.8
枣营庄村	290	27	9.3
赵古营村	602	45	7.5
一间房村	540	50	9.3
三间房村	400	60	15.0
东谢村	202	15	7.4
甜水井村	170	16	9.4
木店村	650	50	7.7
中东石干村	510	140	27.5
西石干村	370	60	16.2
回生村	670	80	11.9
西谢村	408	100	24.5

（二）主要闲置类型

按闲置类型划分，马庄乡农村宅基地闲置的主要类型为继承型闲置和外出务工季节性闲置。随着时间推移，村里老人去世后，子女继承其宅基地，而在本村的子女有自己的宅基地，不在本村的子女多在城镇购房，老宅完全闲置的概率增加。另外，辛集市近年经济发展较快，各种类型的企业如雨后春笋般涌现，既有传统的皮革企业、钢铁企业，也有新兴的科技服务行业。为了增加收入、提高生活水平，很多农户进城务工，有的在辛集市购置房屋或租房居住，只有节假日回乡居住，所以有了宅基地季节性闲置的情况。

表 7-3　马庄乡农村宅基地闲置类型

闲置类型	数量（处）	占所调研宅基地比重（%）	占所调研闲置宅基地比重（%）
完全闲置	27	8.9	61.4
季节性闲置	17	5.6	38.6

1. 完全闲置。包括建新不拆旧、举家搬迁、无人继承、批而未建等原因导致的宅基地闲置。所调研村庄的宅基地完全闲置率为 8.9%，占所调研的所有闲置宅基地的 61.4%（表 7－3）。由于所调研的村庄都是马庄乡下属行政村，宅基地完全闲置率差异较小。

在马庄乡完全闲置的宅基地中，因批而未建闲置的宅基地所占比例最少，为 7.4%；由于建新不拆旧、举家搬迁造成宅基地闲置的比例均为 22.2%；老房屋因继承后无人居住而闲置的情况较为常见，占 48.1%（表 7－4）。造成宅基地完全闲置的最大原因是继承老宅无人居住。

表 7－4　马庄乡宅基地完全闲置原因

完全闲置原因	举家搬迁	继承后无人居住	建新不拆旧	批而未建
数量（处）	6	13	6	2
比重（%）	22.2	48.1	22.2	7.4

2. 季节性闲置。指一年中有半年及以上时间无人在宅基地居住的情况。调研发现，季节性闲置的原因主要有三点：第一，按照劳动力转移理论，农民倾向于迁移到环境更好的城市或邻乡工作，由于距离较远，每天回家不方便，便在外租房或买房，仅在过年过节、农忙时回家居住几天。第二，年轻人进城后，父辈为了照顾孙辈进城与年轻人同住，重大节假日才会回家走亲访友。第三，为了获得更好的教育资源，家长选择让孩子进城读书，自己也随之进城陪读，一家人仅在寒暑假时返回家中宅基地居住。马庄乡 20 个村的季节性闲置宅基地共 17 处，占所调研的所有闲置宅基地的 38.6%（表 7－3）。

马庄乡宅基地季节性闲置的最主要原因是农民在乡内或邻乡务工。部分年轻人去分布有大型工业企业的邻乡打工，并租邻乡宅基地居住；马庄乡距离辛集市不远，部分已有宅基地的年轻人去辛集市务工，已建成的宅基地就被闲置下来，造成季节性闲置；另外，父辈进城照顾孙辈的情况和父母进城陪读的情况也有一些，但并不多见（表 7－5）。

表7-5 马庄乡宅基地季节性闲置原因

季节性闲置原因	乡内或邻乡务工、居住	进城务工	进城陪读
数量（处）	8	7	2
比重（%）	47.1	41.1	11.8

四、闲置宅基地处置现状

目前，流转、退出是闲置宅基地的两种常见处置方式。

（一）村集体内部成员间自发流转

土地的价值一般体现在使用和流转两个方面，从某种意义上讲，土地的大部分价值都需要通过流转才能实现，正所谓“无流转无价值”。宅基地“三权分置”对于盘活农村闲置宅基地具有重要意义，有利于释放宅基地使用权的经济价值，促进农村闲置宅基地的再利用，增加农民收益，推动农村经济发展。但是现行的宅基地政策将宅基地流转范围限定在本集体组织范围内，而集体内部已经没有多少人需要宅基地，老一辈都已经有了宅基地，年轻一辈成家后基本在城市买房，不再需要农村宅基地，因此村集体组织内部的宅基地需求不多、流转程度不高。这样一来，闲置的宅基地无法流转，又无法得到有效利用，影响了农民财产性收入的获得。

马庄乡农村宅基地流转程度整体不高，多数村庄甚至没有宅基地流转现象。在20个村中，有12个村近三年未出现过宅基地流转的情况；有4个村较少出现宅基地流转，流转的宅基地都在5处以下，且流转对象都为本集体组织的村民；有3个村宅基地流转稍多，每个村流转宅基地在10处左右；有1个村出现宅基地流转现象较多，有30处宅基地流转（表7-6）。流转形式以转让、租赁为主，转让、租赁宅基地的多数农户用于居住，也有部分农户用于经营，少数农户将宅基地闲置以备将来使用。

由马庄乡宅基地流转情况可以看出，对流转对象的限制很大程度上影响了闲置宅基地的流转程度和流转效率，要提高闲置宅基地的流转率与利用率，就必须扩大流转范围。

表 7-6　马庄乡闲置宅基地流转频率

统计指标	分类指标	样本数（个）	比重（%）
村里是否出现过宅基地流转现象	没出现过	12	60.0
	偶尔出现	4	20.0
	较少出现	3	15.0
	较多出现	1	5.0

（二）村集体组织统一收回

随着宅基地闲置和用地紧张矛盾的加剧，政府出台了《关于进一步加强农村宅基地管理的通知》等鼓励村集体组织对闲置宅基地进行处置。

在马庄乡的调研发现，闲置宅基地在村集体组织层面的处置率较低。在调研的 20 个村庄中，仅有 4 个村庄对闲置宅基地进行了处置。部分村干部对于鼓励盘活的政策不甚了解；也有一部分村干部了解政策，但由于资金紧张，即使村里能收回宅基地，也无法进行处置；也有村干部认为有闲置宅基地的村民不愿意退出宅基地，所以不想投入过多精力去回收。因此，这 4 个村庄仅收回了 7 处宅基地。在退出补偿方面，有 3 个村为货币补偿；有 1 个村由于收回的宅基地上无建筑物，农户也已经举家搬迁进城、没有宅基地的需求，经与农户协商，无补偿直接收回。

农户退出宅基地后，有 2 个村将收回的宅基地用于基础设施（如文化休闲广场、绿化公园等）建设；有 1 个村将收回的闲置宅基地用于复垦，由于退出农户对宅基地的依赖性不大，村集体组织补偿退出农户 2 000 元，全权管理收回后复垦的宅基地并获取收益集体所有；有 1 个村刚刚收回闲置宅基地，还没有进行再利用；剩下的 16 个村都没有对闲置宅基地进行处置。

第三节　辛集市马庄乡宅基地闲置的影响因素分析

一、宅基地闲置影响因素的定性分析

辛集市马庄乡宅基地闲置的深层原因分为三大类，即宅基地制度因素、经济社会因素、农民个体因素。

（一）宅基地制度因素

我国现行宅基地相关的政策法规规定宅基地的所有权和处置权为集体所有，农民仅拥有宅基地的使用权。随着房地产市场的发展，相当一部分农民认识到了宅基地的财产性功能，拥有闲置宅基地的农民想要退出其宅基地、获得财产性收入，却没有退出渠道和退出补偿。村集体经济组织资金有限，补偿金额达不到农民预期，而且宅基地退出后，村集体经济组织也无法处置。究其原因，一是本村集体经济组织内部宅基地需求不大，基本没有申请宅基地的农民，退出后只能闲置；二是村集体经济组织想要用退出的宅基地建设基础设施，但受资金限制，难以实施，缺乏收回闲置宅基地的动力。

宅基地流转市场运行不健全，村民流转宅基地大多是在本集体经济组织内部流转，但本集体经济组织成员对宅基地的需求并不大，因此流转程度较低。马庄乡处于传统农业地区，宅基地上房屋价格相对较低，很多村民认为以低廉的价格出让宅基地是一种损失，而寄希望于政府收回时给予更高的补偿。

（二）经济社会因素

1. 城乡二元结构的影响。随着我国城镇化建设步伐的加快，城乡差距相比以前虽然缩小，但城乡二元结构仍明显存在，农村和城市在教育、医疗、卫生等方面存在较大的差距，而且这一差距在未来一段时期内很难改变。仅与辛集市区比较，截至 2018 年，马庄乡有规模以上工业企业 2 家，有较大营业面积综合商店 34 家，没有大型商场，医疗资源仅在各村有一两个卫生室，能够治疗的病种有限；而辛集市区工业企业约有200家，大型商场11家，综合商店超过200家，医疗资源水平也远远超过卫生室。因此，农村居民倾向于向城镇转移，在城镇生活或者购房成为生活目标之一。同时，农村老龄化不断加剧，年轻人很少回乡，宅基地闲置的现象越来越明显。

2. 嫁娶习俗影响。过去在农村，受嫁娶习俗的影响，年轻夫妻结婚时，女方都会要求男方建房，但对于外出务工者来说，新房建好后没多久便外出打工，房子基本处于闲置状态；对于婚后继续在村内居住的夫妻来说，有了下一代后，老人会为了照看小孩与年轻夫妻同住，也会导致一部分老宅闲置。近年来，农村婚俗又发生了改变，年轻人结婚时女方大多会要求男方在县城或市区买房，结婚后年轻夫妻到县城或市区居住，但有部分男性村民婚前就已在村内申请了宅基地，一旦进城居住，申请到的宅基地往往会闲置。

（三）农户个体因素

1. 收入水平提高的影响。随着收入水平的提高，农村居民对居住环境等的要求越来越高，由此开始向城镇转移，尤其是以前只以务农为生的农村青壮年劳动力开始外出务工，随着时间的推移，他们有了丰富的经验和足够的基础，便将家属也接到自己务工所在地。由于打工的收入比农业收入高，能较快拥有一些积蓄，外出务工农民生活水平不断提高，观念也发生了巨大变化，很多农民并不愿意回乡居住，因此闲置宅基地和“一户多宅”等现象逐渐增多。一部分人因此进城，将村内宅基地完全闲置；也有一部分人外出务工时保留村内宅基地，用打工挣的钱翻新、重建宅房，但由于工作原因，只能在过年过节时回家居住，这也造成了宅基地的季节性闲置。

2. 传统观念及对宅基地法律法规认识不足的影响。受传统文化的影响，很多农民认为宅基地上房屋是家庭生活的保障，是不可舍弃的必需品，即使在外打工或进城定居，也要保留村里的宅基地，作为心理安慰或最后一道生活保障。农民对宅基地政策的了解程度不深，村集体经济组织也很少宣传宅基地政策，导致农民对宅基地权属认知出现偏差，往往认为自己正在占有、使用的宅基地就是自己家的财产，无论怎么处置都应由自己决定，这就加大了村集体经济组织收回、流转闲置宅基地的难度。由于对政策的了解、认知不够，部分农民并不认为“一户多宅”影响土地利用效率，这也造成了宅基地闲置的进一步加剧。

二、宅基地闲置影响因素的定量分析

（一）影响预判与模型选择

1. 影响预判。根据行为选择理论，农户会结合自身生活方式以及就业环境、经济社会地位等因素，在追求自身利益最大化的同时，对宅基地是否闲置作出决策。本书认为，宅基地是否闲置主要取决于农户的个人特征、家庭因素、宅基地条件因素以及宅基地周边环境因素。根据行为选择理论，提出以下假设：

预判 1：农户年龄越大，受教育程度越低，职业越依赖农业，宅基地闲置的可能性越小。

预判 2：农户家庭中劳动力流出越少，收入来源越依赖农业，宅基地闲置的可能性越小。

预判 3：面积越大，房屋设施越好，宅基地闲置的可能性越小。农户行为选择往往趋利避害，对有利于自己的，通常不愿意放弃。宅基地面积、住房面积越大，房子越新、结构越好的，越不容易闲置。

预判 4：宅基地周边环境越有利于生活，闲置的可能性越小。当所居住的宅基地周边环境对居住行为有所影响或产生阻碍时，例如胡同窄不方便进出、周边基础设施太少不利于生产生活、卫生环境太差有损健康，农户更大概率选择将此处宅基地闲置，去寻找更好的居住地。

2. 模型选择。二元 Logistic 模型大多应用于因变量只有两个选项的数据分析。本章的因变量为宅基地是否闲置，选项仅有“是”与“否”，自变量有多个，因此用二元 Logistic 模型来分析宅基地闲置的影响因素较为合适。二元 Logistic 回归模型为：

$$\text{Logit}\left[p\ (Y=1)\right]=\ln\frac{p\ (Y=1)}{1-p\ (Y=1)}=\beta_n+\beta_1\cdot X \tag{7-1}$$

由于影响宅基地闲置的自变量较多，因此分别将其表达为 X_1，X_2，…，X_m，二项 Logistic 模型为：

$$p=\frac{\exp\ (\beta_0+\beta_1X_1+\beta_2X_2+\cdots+\beta_nX_n)}{1+\exp\ (\beta_0+\beta_1X_1+\beta_2X_2+\cdots+\beta_nX_n)} \tag{7-2}$$

Logit 回归变换得到回归线性模型为：

$$\text{Logit}\ (p)=\ln\frac{p}{1-p}=\beta_0+\beta_1X_1+\beta_2X_2+\cdots+\beta_nX_n \tag{7-3}$$

（二）变量选择与特征描述

本章确定的因变量为宅基地是否闲置，包括两个选项——闲置与不闲置，具有确定性；而自变量的选择众多，大多依据在马庄乡调研时发现的具体情况并结合相关文献确定。

1. 因变量的说明。本章主要研究选取的自变量会不会对宅基地是否闲置这个因变量产生影响，因此把宅基地闲置设定为 1，不闲置设定为 0。

2. 自变量的说明。调研发现，影响宅基地闲置的因素主要有人、地、物三个方面，本章从户主特征、家庭特征、耕地种植及流转特征、宅基地特征、宅基地周边环境评价等方面选取了自变量，对宅基地闲置原因进行定量分析。

（1）户主特征变量。包括受访者年龄、受教育程度、职业三个方面。户主的年龄能在一定程度上反映家庭的年龄结构，进一步从侧面反映宅基地的来源；户主的受教育程度影响农户对政策的认知程度，也会影响农户退出及再利用闲置宅基地的意愿；职业的离农程度会反映农户对宅基地的依赖程度，从而对闲置产生影响。

本次调研中，60 岁以上的受访者有 125 人，占总样本量的 51.7%；46～60 岁的受访者有 89 人，占 36.8%；16～30 岁、31～45 岁的受访者较少。可见，本次调研对象的年龄普遍偏大（表 7－7）。

表 7-7 户主年龄

年龄	16～30 岁	31～45 岁	46～60 岁	60 岁以上
频数（人）	1	27	89	125
比重（%）	0.4	11.2	36.8	51.7

受教育程度反映农户的文化水平，对认知能力、判断能力都会产生影响，也能从侧面反映出每家每户的决策情况。在本次调研中，户主受教育程度为初中水平的有 124 人，占总样本量的 51.2%；小学和大专及以上水平的占比都较小；户主受教育水平集中在初中与高中（表 7-8）。

表 7-8 户主受教育水平

受教育水平	小学及以下	初中	高中	大专及以上
频数（人）	40	124	72	6
比重（%）	16.5	51.2	29.8	2.5

职业以务农为主，职业为务农的有 155 人，占总样本量的 64.3%；务农兼职村内务工的有 29 人，占 12%；在村外务工的有 32 人，占 13.3%。

（2）家庭特征变量。包括家庭总人口、家庭常住人口、家庭收入主要来源、家庭年净收入四个指标。

家庭总人口决定着家庭规模的大小和生活便利程度，对宅基地的利用程度产生影响；家庭常住人口则能反映出家庭成员的流动性，出门在外地工作的人口在家居住时间少，房屋利用效率就低；家庭收入主要来源和年净收入主要反映经济收入结构和经济水平。

从家庭人口来看，家庭人口数 3～5 人的有 130 户，占 53.9%；常住人口 3～5 人的有 95 户，常住人口在 3 人以下的有 135 户，占比 55.8%（表 7-9），表明有近 50 户有人口离开村庄，说明马庄乡各村存在人口流失较严重的问题。

在实地调研的农户样本中，有 170 户家庭收入主要来源是农业经营，占 70.5%；其次是外出务工，有 49 户，占 20.3%。家庭年净收入在 1 万～5 万元的占 60.2%，有 145 户；收入在 1 万元以下的有 57 户，占 23.7%。总的来说，马庄乡各村还是以农业经营为主，部分农民存在外出务工的情况，但其收入也是以农业经营收入为主，大多在 5 万元以下。

表 7-9　家庭常住人口

家庭常住人口	3 人以下	3 5 人	5 人及以上
频数（户）	135	95	12
比重（%）	55.8	39.2	5.0

（3）耕地种植及流转特征。耕地是否种植作物以及耕地是否流转，也会影响宅基地的利用状态。根据调研可知，有 195 户的耕地是自己在种，占比 80.6%；有 39 户的耕地流转出去，占比 16.1%（表 7-10）。195 户耕地自己在种的样本中，大部分是种植粮食作物，如玉米、小麦，这类作物通常是自产自销，每年收益大多在每亩 1 000 元左右；另外有 11 户种植林果（包括葡萄、桃子、梨），收益显著高于粮食作物。在流转土地的 39 户中，有 24 户流转给本村集体经济组织内的其他村民，占比 60.0%，流转租金每亩每年 500 元左右；有 14 户流转给企业，占比 37.5%，流转租金每亩每年大约 1 000元。

表 7-10　耕地种植与流转

耕地状态	自种	流转	无地
频数（户）	195	39	8
比重（%）	80.6	16.1	3.3

（4）宅基地特征变量。包括宅基地面积、住房面积、宅基地来源和周边环境评价四个指标大类。宅基地面积大小在一定程度上能反映居住环境的好坏。住房面积是宅基地上所建房屋的面积，以此作为变量可以反映农民居住舒适度：住房面积大的，农户可能不会全部闲

置，会利用其中一部分；住房面积小的，农户可能会认为其面积达不到生活要求而放弃使用，造成闲置。宅基地来源包括继承而来、村里审批和流转而来，对宅基地是否闲置也有影响，马庄乡继承型闲置宅基地较多，可能会对模型结果产生影响。宅基地周边环境评价会影响农户的想法，环境较差的宅基地往往因无法满足农户生活需求而被闲置。

通过问卷的统计数据可知，马庄乡宅基地的房屋大多为砖木结构，建造年代早的有一部分是土坯房；房屋层数大多只有一层；宅基地来源有151处是继承而来，占比49.5%；有128处是村里审批的，占比42.0%；在对宅基地周边环境评价中，对于胡同宽度（进出车是否方便）、基础设施、卫生环境的满意度都在88.0%左右，说明马庄乡农户对于宅基地周边环境的满意度整体较高（表7-11）。

表7-11 模型自变量与说明

一级变量	二级变量	变量名	变量说明
户主特征	年龄	X_1	16～30岁=1；31～45岁=2；46～60岁=3；60岁以上=4
	受教育程度	X_2	小学及以下=1；初中=2；高中=3；大专及以上=4
	职业	X_3	务农=1；务农兼村内务工=2；村干部=3；个体经营=4；村外务工=5
家庭特征	常住人口数	X_4	3人以下=1；3～5人=2；5人以上=3
	家庭收入主要来源	X_5	农业经营=1；农业经营与本村务工=2；在本村企业务工=3；村内个体经营=4；外出务工=5；其他=6
	家庭年净收入	X_6	1万元=1；1万～5万元=2；5万～10万元=3；10万元以上=4
耕地种植及流转特征	自有耕地亩数	X_7	实际调查数值（亩）
	耕地状态	X_8	无地=0；自己在种=1；流转给别人=2；荒着=3

（续）

一级变量	二级变量	变量名	变量说明
宅基地特征	宅基地面积	X_9	实际调查数值（米²）
	住房面积	X_{10}	实际调查数值（米²）
	住房层数	X_{11}	实际调查数值（层）
	房屋结构	X_{12}	无住房=0；土坯=1；砖木=2；砖混=3；钢筋混凝土=4
	宅基地来源	X_{13}	继承取得=1；村里审批=2；流转取得=3
宅基地周边环境评价	进出车是否方便	X_{14}	否=0；是=1
	周边基础设施是否满意	X_{15}	否=0；是=1
	周边卫生环境是否满意	X_{16}	否=0；是=1

（三）模型回归与结果分析

1. 自变量的验证与筛选。自变量在户主特征、家庭特征、耕地种植及流转特征、宅基地特征、宅基地周边环境评价五方面共选取了16个指标。其中，由于受访者为户主，收入来源大多与其职业相关，所以在此仅选择受访者职业作为自变量；通过问卷中住房层数数据可知，共305处宅基地的层数都为1，不具有差异性，因此，也剔除此项自变量。由于自变量之间可能有共线性，会影响结果，因此在进行模型分析前首先进行共线性分析，观察容差和方差膨胀因子值的大小，剔除无关自变量（表7-12）。

表7-12　多重共线性检验

一级变量	二级变量	容差	VIF
户主特征	年龄 X_1	0.789	1.267
	受教育程度 X_2	0.834	1.198
	职业 X_3	0.597	1.674
家庭特征	常住人口数 X_4	0.867	1.154
	家庭年净收入 X_6	0.764	1.308
耕地种植与流转特征	自有耕地亩数 X_7	0.882	1.133
	耕地状态 X_8	0.905	1.105

（续）

一级变量	二级变量	容差	*VIF*
宅基地特征	宅基地面积 X_9	0.831	1.204
	住房面积 X_{10}	0.824	1.214
	房屋结构 X_{11}	0.812	1.231
	宅基地来源 X_{13}	0.896	1.116
宅基地周边环境评价	进出车是否方便 X_{14}	0.584	1.712
	周边基础设施是否满意 X_{15}	0.582	1.717
	周边卫生环境是否满意 X_{16}	0.537	1.862

判断共线性主要看容差和方差膨胀因子值（*VIF*）。一般认为，方差膨胀系数大于 10 或容差小于 0.5，就表示变量之间存在共线性。由多重共线性检验结果可知，选取的 15 个自变量的方差膨胀因子都在 1～2 之间，小于 10，容差最低为 0.537，大于 0.5（表 7－12）。可见，自变量之间不存在共线性，不需要进行剔除筛选，选取的自变量都可以用来分析。

2. Logistic 模型回归结果及分析。基于上述模型设定，运用 SPSS 25.0 分析软件对收集到的样本数据进行分析，选取 5%的统计显著性水平进行回归结果分析。模型结果如表 7－13 所示。

表 7－13　Logistic 模型回归分析结果

一级变量	二级变量	*B*	显著性
户主特征	年龄 X_1 *	1.904	0.013
	受教育程度 X_2	0.179	0.739
	职业 X_3 *	0.669	0.012
家庭特征	常住人口数 X_4 *	−1.461	0.016
	家庭年净收入 X_7	0.427	0.293
耕地种植与流程特征	自有耕地面积 X_8	0.060	0.412
	耕地状态 X_9	0.080	0.916
宅基地特征	宅基地面积 X_{10}	0.002	0.457
	住房面积 X_{11} *	−0.025	0.025
	房屋结构 X_{13} **	−0.712	0.091
	宅基地来源 X_{14}	−0.076	0.876

（续）

一级变量	二级变量	B	显著性
宅基地周边环境评价	进出车是否方便 X_{15} *	−2.374	0.013
	周边基础设施是否满意 X_{16}	−1.426	0.167
	周边卫生环境是否满意 X_{17} *	−2.794	0.001

注：*、** 分别表示在5%、10%的水平上显著。

从表7-13中得出，在5%的统计显著水平下，共有6个变量对模型起显著影响，分别是户主年龄、户主职业、家庭常住人口数、住房面积、进出车是否方便、周边卫生环境满意度。这6个因素与因变量Y存在因果关系，并且对因变量Y宅基地是否闲置有着较大影响。

在大于5%且小于10%的统计显著水平下，有1个变量对模型起显著影响，为房屋结构，这个自变量对宅基地是否闲置有着一般偏大的正向影响。

户主受教育程度、家庭年净收入、自有耕地面积、耕地种植与流转状态、宅基地面积、宅基地来源、周边基础设施满意度7个变量没有通过显著性检验，说明它们对宅基地闲置与否仅存在相关关系。

Omnibus检验、霍斯默-莱梅肖检验的目的是检验模型的合理性和拟合度。Omnibus检验中显著性为0.000，小于0.05，达到显著水平（表7-14）。霍斯默-莱梅肖检验中卡方为5.108，显著性为0.746，大于0.05，检验不显著（表7-15）。说明模型的拟合度较好。

表7-14　模型系数的Omnibus测试结果

卡方	df	显著性
步骤	172.402	0.000
块	172.402	0.000
模型	172.402	0.000

表7-15　霍斯默-莱梅肖检验结果测试结果

步骤1	卡方	df	显著性
1	5.108	8	0.746

结果显示：

第一，农户户主特征变量中，户主年龄和职业通过了显著性检验，表明户主的年龄、职业对宅基地闲置有显著影响，并且在5%的置信水平下显著，回归系数分别为1.904、0.669，说明受访者年龄、职业对宅基地闲置有着正向影响：受访者年龄越大，越有可能造成宅基地闲置；受访者职业越离农，越有可能造成宅基地闲置。

在调研的宅基地中，继承型闲置占比最大。继承型闲置宅基地的户主年龄普遍偏大，对结果影响较大。本次调研中，60岁以上的受访户主较多，这个年龄段的受访者多数已经在年轻时经过村里审批得到了属于自己的宅基地，他们虽然可以继承上一辈的宅基地却鲜少居住；另外，年龄在60岁左右的受访者大部分需要照顾长辈与孙辈，可能会在本村、邻村或进城照顾老人或孩子，不经常在自家宅基地居住，也会造成宅基地的季节性闲置。此外，年纪越大的农民思想越保守，有故土情怀，对宅基地的感情深厚，就算举家进城不在村里居住，也要保留村内的宅基地，造成宅基地的闲置。

实地调查发现，马庄乡到辛集市的路上有不少中小企业，与之相邻的南智邱镇也有一家大型冶金化工企业，吸引了不少马庄乡的村民从务农转变为务农兼务工，甚至直接转变为务工。受工作距离、工作环境、思想心态的影响，他们中部分人对于宅基地的需求逐渐减少，更愿意在城镇居住，因此宅基地闲置的可能性增大。部分在外务工的农民为了保障生活，也会保留自家宅基地，虽然现在为了赚钱养家生活在外，但是随着年龄的不断增长，他们更愿意回乡养老，造成外出工作的这些年宅基地因无人居住而闲置。

第二，家庭特征变量中，只有家庭常住人口数通过了5%显著性检验，说明这个因素会显著影响农村宅基地的闲置。常住人口数的回归系数为－1.461，说明家庭常住人口对宅基地的闲置会产生负向影响：家庭常住人口越少，越容易产生宅基地闲置的现象。

市民化能力较强的新一代年轻人多外出寻求工作机会[190]，从资源优化配置理论出发，在非农业生产取得的报酬比农业生产高得多的情况下，一个家庭中越多劳动力进行非农业生产，获得的报酬越多，越有利于家庭内部的资源优化配置。农民进城工作一段时间后，其思想观念、生活水平都会与在村内生活有差异，根据劳动力转移理论，农民在感受到城镇更好的环境后，返乡意愿会逐渐降低，年轻人外出务工后，他们的父母有时也会随之居住。家庭常住人口减少是农业人口转移的重要表现形式，劳动力转移后，常住人口就会减少。劳动力最初转移时，不仅可以提高劳动生产率，还可以增加农民就业率，提高农民收入，但过多的劳动力转移会导致从事农业劳动的主体老弱化严重，降低农业生产率。

家庭外出务工人员越多，常住人口就越少，对宅基地的利用程度就越低。外出务工促使人口迁移，但宅基地无法转移。并且近些年来城市房价不断上涨，农民更难以在城市买房扎根，他们出于对生活保障的考虑，大多数人会一直保留村内宅基地而鲜少居住，因此，常住人口少的家庭住房闲置率较高。

第三，耕地面积与耕地状态影响不显著，说明耕地与宅基地的闲置只存在相关关系，不存在因果关系。造成这个结果的原因可能与继承型闲置宅基地较多有关，这类农户一般是本村已经有耕地的村民。由于从事农业的收益较低，部分外出务工、进城定居的农民也会把耕地流转给本村村民，或无偿给亲朋好友耕种，因此他们对耕地的依赖性不大，在这种情况下，耕地与宅基地从之前的“捆绑”状态逐渐割裂开来，“离土离农”后，耕地对宅基地是否闲置的影响不大。

第四，宅基地特征变量中，住房面积在5%的水平下显著，回归系数为−0.025，说明住房面积会对宅基地的闲置产生负向影响：住房面积越小，越容易闲置。房屋结构在10%的水平下显著，回归系数为−0.712，说明房屋结构对宅基地的闲置产生负向影响：房屋结构越简单、越破败，宅基地越有可能闲置。在马庄乡各村实地走访时发现，许多宅基地的院墙还是老式青砖搭建，并且存在部分倒塌的情况，这样的继承型闲置，其房屋面积大多不超过50米^2，并且多年无人居住，院内杂草丛生。

第五，宅基地周边环境评价中，胡同宽度（进出车是否方便）、卫生环境的满意度在5%的水平下显著，回归系数都为负数，说明这两个因素对宅基地的闲置产生负向影响，越不认可宅基地周边胡同宽度、卫生环境的农户越有可能将宅基地闲置。农户不仅十分重视自己宅基地内的条件，也重视宅基地周边的环境。马庄乡内的村集体对于此类交通不便、卫生环境差的宅基地尚无处置办法，因此对居住条件不满意的村民大多自己另寻住处。若是年纪大且有两处宅基地的（通常一处为继承来的宅基地，一处为自己的宅基地）的老人，多数会放弃周边环境差的宅基地，去相比之下更方便、更宜居的宅基地居住；若是年纪大但只有一处宅基地的，多半会放弃环境差的宅基地，随子女居住；若是三四十岁的年轻人且基本只有一处宅基地，他们有的会受此影响外出务工，有的会选择与老人同住老宅，造成了村内部分位置差、环境差的宅基地闲置。

第四节　辛集市马庄乡个案的启示

辛集市马庄乡农村宅基地存在一定的闲置浪费现象，通过调研数据的整理和分析，得出户主年龄、职业、家庭常住人口、宅基地住房面积、房屋结构、宅基地周边胡同宽度（进出车是否方便）、卫生环境等因素会影响马庄乡宅基地的闲置。为改善马庄乡宅基地闲置现状，从宅基地使用与流转制度、引导退出、处置能力、村庄规划、发展产业等角度，提出以下对策建议。

一、健全宅基地使用与流转制度

由于宅基地使用与流转制度存在缺陷，闲置的宅基地不能得到有效利用，达不到资源优化配置的目标。在当前的有关规定中，农村宅基地是无偿使用的。农户只要获批，就对其宅基地享有永久使用权；在这种情况下，宅基地的使用权以及地上房屋的所有权都趋于私有化，农民基于已有的认知观念，大多不愿意退出闲置宅基地，加大了村集体经济组织处置闲置宅基地的难度。闲置的宅基地退出少，浪费了土地资源，从某种意义上讲，也是对村集体经济组织内其他成员权益的侵犯。在这一背景下，健全宅基地的使用制度，规定使用权期限就显得尤为重要。农村宅基地使用期限以30～50年为好，既能与房屋的使用权期限一致，又能保障户主权益。在使用期限超过规定年限后，户主若符合宅基地使用条件，则可以进行宅基地使用权的重新审核，延续宅基地的使用期限；如果户主不再符合宅基地申领条件，则需退出宅基地，或者通过缴纳宅基地使用费的方式继续使用宅基地。

目前宅基地的流转范围还有一定限制，制约了闲置宅基地的利用。[191]我国虽然鼓励适度放活使用权，也出台了一些关于闲置宅基地使用权流转的政策，但仍需基层根据当地实际情况不断探索，规范闲置宅基地流转的资格和条件，明晰各利益主体的权利和义务，使闲置宅基地在合规合理的情况下依法流转。相关部门应健全宅基地的使用权制度，可以制定专门的法律进行基本的规范，从而明确各方的权利和义务，同时也有利于进一步明确宅基地权属管理、流转条件、继承条件等。

二、引导农户间宅基地自由流转

通过对有闲置宅基地的农户进行再利用意愿调查发现，56.8%的农户不愿意处置现有宅基地。其中，64.0%的农户认为自己以后可能会居住利用，24.0%的农户是基于对旧宅的情感依赖。如果能解决以后可能还会利用目前闲置的宅基地这一后顾之忧，闲置宅基地的退出问题将迎刃而解。

因此，在引导农户退出宅基地的过程中，要统筹考虑不同类型农户退出宅基地后，在合理分户、进城返乡等情况下再申请宅基地的资格权。退出后的宅基地优先在本集体经济组织成员内部流转的基础上，探索在农村更大范围内交易。

三、加强村集体处置能力

充分发挥村集体经济组织在宅基地管理中的作用，针对本村情况制定相应管理措施，将各种类型的宅基地闲置处置办法写进村规：继承型、进城定居型宅基地闲置应退尽退，批而未建的由村集体经济组织直接收回，外出务工季节性闲置的应保留；宅基地周边环境差、交通不便的，应将其划入重新规划区，整治脏乱的卫生环境，拓宽过窄的道路。村集体经济组织应及时做好宅基地数据库的更新，实现对宅基地增量及减量的监管[192]，同时严格把控宅基地面积，提高资源配置效率。

四、制定合理的村庄规划

各村应根据本村实际情况，坚持科学布局、节约集约的原则，编制切实可行、合理便捷的村庄规划，改变居民点布局散乱、规模小、生活基础设施不完善的现状。合理调整结构，将老旧宅基地划入重新规划区。集中连片的闲置宅基地应采取集中处理、统一利用的方式进行综合整治。

五、发挥产业带动作用

家庭人口流动影响着宅基地是否闲置。造成农村家庭人口流动的原因主要是务农的低收入与城市务工的高收入间的落差。农村想要留住劳动力，吸引人才，就要从发展产业入手。有条件的农村应制定产业扶持计划，支持村镇企业在本村的发展，以此带动就业，缓解农民的生活压力。只有农村有了自己的产业，能够留住本村村民甚至吸引人才，才能减少宅基地的闲置。

参 考 文 献

[1] 周锐．中国“农村改革之父”杜润生逝世引发广泛追思［DB/OL］．（2015-10-10）［2023-5-31］．中国新闻网．http://www.ce.cn/xwzx/gnsz/gdxw/201510/10/t20151010_6662089.shtml.

[2] 叶兴庆．为进城落户农民建立“三权”退出通道［J］．农村工作通讯，2017（4）：15-18.

[3] 汪洋．明清时期地权秩序的构造及其启示［J］．法学研究，2017（5）：113-132.

[4] 王德福．制度障碍抑或市场不足：农地产权抵押改革的限制因素与路径选择［J］．求实，2017（5）：79-88.

[5] 高圣平．新型农业经营体系下农地产权结构的法律逻辑［J］．法学研究，2014（4）：76-91.

[6] 高飞．农村土地“三权分置”的法理阐释与制度意蕴［J］．法学研究，2016（3）：3-19.

[7] 谭峻，涂宁静．农村集体土地所有权的实现困境与对策研究［J］．中国土地科学，2011（5）：56-61.

[8] 凌晋民．论集体经济的基本特征［J］．中国集体经济，2003（10）：16-18.

[9] 贺雪峰．地权的逻辑：中国农村土地制度向何处去［M］．北京：中国政法大学出版社，2010.

[10] 王小映，王得坤．不在村农户与承包地政策的完善［J］．农村经济，2019（11）：1-7.

[11] 黄少安，刘明宇．公平与效率的冲突承包制的困境与出路：《农村土地承包法》的法经济学解释［J］．经济社会体制比较，2008（2）：52-58.

[12] 潘文轩，王付敏．改革开放后农民收入增长的结构性特征及启示［J］．西北农林科技大学学报：社会科学版，2018（3）：8-17.

[13] 贺书霞．土地保障与农民社会保障：冲突与协调［J］．中州学刊，2013（2）：33-37.

[14] 刘同山，吴刚．农村承包地退出：典型做法、面临问题与改革建议［J］．新疆农垦经济杂志，2019（4）：48-54.

[15] 贺雪峰．熟人社会：村庄秩序机制的理想型探究［J］．云南师范大学学报：哲

学社会科学版，2013（5）：72-78.

[16] 唐忠．改革开放以来我国农村基本经营制度的变迁［J］．中国人民大学学报，2018（3）：26-35.

[17] 常艳红．农村土地流转政策“本意”与执行“偏意”的矛盾［J］．华章，2010（12）：18-19.

[18] 陈晨，王胜，樊荣禧．当前城乡一体化建设中农村土地承包纠纷案件九大难点问题探讨［J］．法律适用，2011（1）：84-89.

[19] 郑惊鸿，李健，王东生．没有土地的村庄 谁来为失地农民买单［N］．农民日报，2013-04-17（4）.

[20] 贺雪峰．评“增人不增地、减人不减地”［J］．中国乡村发现，2012-05-15.

[21] 李昌平．扩大农民地权［J］．中国土地，2008（12）：25-29.

[22] 朱新力．防范农地流转中的政绩冲动［N］．中国国土资源报，2009-03-20（6）.

[23] 卞琦娟，周曙东，葛继红．发达地区农地流转影响因素分析：基于浙江省农户样本数据［J］．农业技术经济，2010（6）：30-38.

[24] 李海伟．城乡统筹背景下的农地流转制度变革［J］．重庆交通大学学报：社会科学版，2009（4）：56-60.

[25] 邓大才．农地流转的交易成本与价格研究：农地流转价格的决定因素分析［J］．财经问题研究，2007（9）：91-97.

[26] 赵金龙，何玲，冯晓明，等．农地流转与征收［M］．北京：金盾出版社，2009：97.

[27] 张莉，冷崇总．金融危机下农民工就业问题的思考［J］．价格月刊，2009（3）：53-57.

[28] 刘奇．防止外力挤压土地流转［J］．农村经营管理，2009（9）：24.

[29] 贺雪峰．不要人为推动农业规模经营［EB/OL］．（2013-04-21）［2023-05-31］．三农中国，http://www.snzg.cn/article/2013/0421/article_33514.html.

[30] 张路雄．中国耕地制度存在的问题及不可回避的政策选择［EB/OL］．（2009-06-01）［2023-05-31］．中国乡村发现网，http://www.zgxcfx.com/Article/10985.html.

[31] 陈靖．粮食安全视角下的农业经营问题：基于大户经营模式的讨论［J］．中州学刊，2013（4）：57-61.

[32] 郭亮．当前农地流转的特征、风险与政策选择［J］．理论视野，2011（4）：39-42.

[33] 陈洁，刘锐，张建伦．安徽省种粮大户调查报告［J］．中国农村观察，2009（4）：4-14，98.

[34] 孙新华．城镇化，谁来种地？［J］．南风窗，2013（4）：64-66.

[35] 万广华，程恩江．规模经济、土地细碎化与我国的粮食生产 [J]. 中国农村观察，1996 (3)：32-37，65.

[36] 卫新，毛小报，王美清．浙江省农户土地规模经营实证分析 [J]. 中国农村经济，2003 (10)：31-36.

[37] 高梦滔，张颖．小农户更有效率?：八省农村的经验证据 [J]. 统计研究，2006 (8)：21-26.

[38] 钱桂霞．粮食生产经营规模与粮农收入的研究 [D]. 北京：中国农业科学院，2005.

[39] 石晓平，郎海如．农地经营规模与农业生产率研究综述 [J]. 南京农业大学学报：社会科学版，2013 (13)：76-84.

[40] 张红宇．中国农村改革的未来方向 [J]. 农业经济问题，2020 (2)：107-114.

[41] 孔祥智，张琛．十八大以来的农村土地制度改革 [J]. 中国延安干部管理学院学报，2016 (3)：116-122.

[42] 郭奔胜，陈先发．新一轮土地流转出现"非粮化"冲动 [N]. 经济参考报，2008-10-20.

[43] 杨瑞珍，陈印军，易小燕，等．耕地流转中过度"非粮化"倾向产生的原因与对策 [J]. 中国农业资源与区划，2012 (3)：14-17.

[44] 郭晓鸣．推进土地流转与适度规模经营需要高度关注四个问题 [J]. 农村经营管理，2014 (11)：17-18.

[45] 武舜臣，于海龙，储怡菲．农业规模经营下耕地"非粮化"研究的局限与突破 [J]. 西北农林科技大学学报：社会科学版，2019 (3)：148-157.

[46] 曾福生，唐浩，刘辉．农村土地适度规模经营主体及实现形式研究 [J]. 农村经济，2010 (12)：21-24.

[47] 李琴，李怡，郝淑君．农地适度规模经营的分类估计：基于不同地形下不同地区的测算 [J]. 农林经济管理学报，2019 (1)：101-109.

[48] 夏柱智．农业适度规模经营再认识：基于发展"中农—家庭农场"的思路 [J]. 山西农业大学学报：社会科学版，2019 (1)：3.

[49] 伍业兵，甘子东．农地适度规模经营的认识误区、实现条件及其政策选择 [J]. 农村经济，2007 (11)：42-44.

[50] 彭山桂，汪应宏，陈晨，等．农地社会保障功与农村劳动力转移关系的实证研究：兼论实现农地规模经营的对策 [J]. 经济研究导刊，2008 (11)：61-62.

[51] 秦作霞，殷海善，安祥生．目前农村土地适度规模经营的任务与实现途径探讨 [J]. 中国农业资源与区划，2016 (6)：93-97.

[52] 罗浩轩．要素禀赋结构变迁中的农业适度规模经营研究 [J]. 西部论坛，2016 (5)：9-19.

[53] 郭庆海．土地适度规模经营尺度：效率抑或收入［J］．农业经济问题，2014，35（7）：4-10.

[54] 党国英．当前中国农村土地制度改革的现状与问题［J］．华中师范大学学报：人文社会科学版，2005（4）：8-18.

[55] 李文明，罗丹，陈洁，等．农业适度规模经营：规模效益、产出水平与生产成本：基于1 552个水稻种植户的调查数据［J］．中国农村经济，2015（3）：4-17，43.

[56] 熊凤水，刘梦兰．家庭农场适度规模经营：优势、测算与对策：以芜湖市水稻种植为例［J］．山西农业大学学报：社会科学版，2018，17（11）：23-28.

[57] 陈菁，孔祥智．土地经营规模对粮食生产的影响：基于中国十三个粮食主产区农户调查数据的分析［J］．河北学刊，2016，36（3）：122-128.

[58] 刘奇．家庭经营是新型农业经营体系的主体［N］．农民日报，2013-06-01（3）.

[59] 何秀丽，刘文新．东北农业适度规模经营形势及发展策略研究［J］．智库理论与实践，2019，4（6）：21-29.

[60] 陈运雄，卜艺佳．农业适度规模经营研究：基于湖南7市13县调研［J］．湖南社会科学，2019（1）：95-103.

[61] 杨彬，杨刚，宋艳霞，等．安岳县粮食适度规模经营的现状与对策［J］．四川农业科技，2018（4）：62-64.

[62] 周颖达．积极培育家庭农场促进适度规模经营［J］．江苏农村经济，2019（11）：64-65.

[63] 赵颖文，吕火明，刘宗敏．关于推进我国农业适度规模经营的几点思考［J］．农业现代化研究，2017，38（6）：938-945.

[64] 刘蓉．关于中国农业适度规模经营的思考：基于文献综述的视角［J］．生产力研究，2019（12）：54-58.

[65] 李荣耀，叶兴庆．农户分化、土地流转与承包权退出［J］．改革，2019（2）：17-26.

[66] 刘勤，周静．农地流转的交易成本困境与村级组织的服务优势［J］．农业经济与管理，2012（5）：25-30.

[67] 程世勇，蔡继明．乡村振兴视阈下我国农地适度规模经营研究［J］．社会科学辑刊，2018（4）：153-159.

[68] 全坚宇，王仁良，朱薇，等．太仓市粮食生产适度规模经营发展现状及对策研究［J］．农业开发与装备，2019（9）：61-62.

[69] 王锡升，于明明．从流转大户频繁退租看适度规模经营［J］．农村经营管理，2018（10）：37-38.

[70] 李长健，刘义林．农村土地流转中工商资本的规制研究［J］．农业经济，2016（8）：90－92.

[71] 胡新艳，杨晓莹，王梦婷．农地流转中的禀赋效应及其影响因素：理论分析框架［J］．华中农业大学学报：社会科学版，2017（1）：12－23.

[72] 仇童伟，杨震宇，马贤磊．农村土地流转中“差序格局”的形成与破除：基于交易“差序格局”和第三方实施的分析［J］．农林经济管理学报，2017（4）：441－453.

[73] 刘恒科．农地适度规模经营的土地成本研究：一个文献综述［J］．社会科学动态，2018（6）：47－54.

[74] 刘恒科．农地适度规模经营土地成本分担的法律制度探析［J］．农村经济，2018（4）：82－87.

[75] 纪月清，杨宗耀，方晨亮，等．从预期到落地：承包地确权如何影响农户土地转出决策？［J］．中国农村经济，2021（7）：24－43.

[76] 张献，邓蕾蕾．中介组织介入下交易成本对土地流转差异性影响［J］．中国农机化学报，2017（6）：118－122，129.

[77] 陈明．农地制度改革 40 年：一个国家治理逻辑转换的视角［J］．湖北社会科学，2019（1）：26－35.

[78] 李明秋，石鹏鹏，牛海鹏．农村土地承包关系长久不变的内涵、隐忧及化解［J］．西北农林科技大学学报：社会科学版，2018，18（6）：75－80.

[79] 冯华超，钟涨宝．土地调整的合理性与必要性：一个研究述评［J］．中国土地科学，2017，31（7）：83－90.

[80] 胡新艳，洪炜杰．农地调整经历对确权政策投资激励效应的影响［J］．社会科学战线，2019，（2）：72－81.

[81] 郑志浩，高杨．中央“不得调地”政策：农民的态度与村庄的土地调整决策：基于对黑龙江、安徽、山东、四川、陕西 5 省农户的调查［J］．中国农村观察，2017（4）：72－86.

[82] 朱冬亮．土地延包“30 年不变”的再认识［J］．农业经济问题，2001（1）：37－41.

[83] 冯华超，卢扬，钟涨宝．论土地调整的合理性与必要性：兼论土地制度改革的方向［J］．西北农林科技大学学报：社会科学版，2018，18（1）：10－17.

[84] 宋志红．农村土地延包难点问题探析［J］．行政管理改革，2016（5）：43－47.

[85] 丰雷，蒋妍，叶剑平，等．中国农村土地调整制度变迁中的农户态度：基于 1999—2010 年 17 省份调查的实证分析［J］．管理世界，2013（7）：44－58.

[86] 肖鹏．“三权分置”下的农村土地承包关系长久不变研究［J］．华中农业大学学报：社会科学版，2018（1）：113－120，162.

[87] 朱北仲．我国农村土地确权中的问题与解决对策［J］．经济纵横，2015（5）：44-47．

[88] 薛振华．征地款在村集体内部的分配问题研究［D］．太原：山西农业大学，2017．

[89] 马建伟．农村集体土地征地补偿费分配问题研究［D］．苏州：苏州大学，2013．

[90] 李俊．农村土地调整的实践逻辑与法律回应［J］．华中科技大学学报：社会科学版，2017（6）：65-73．

[91] 孟春妍，刘向南．土地承包期再延长30年政策与农户意愿问题研究综述［J］．江苏农业科学，2020（23）：28-35．

[92] 郭利琴．社会转型中的农民行为研究［D］．济南：山东大学，2011．

[93] 魏百刚．农村土地流转及其对农民收入影响调查［J］．农村经营管理，2016（6）：25-27．

[94] 汪霖，蒲春玲，张影，刘超，胡赛，黄晓东．基于农户家庭特征的农村宅基地闲置与退出影响因素分析［J］．浙江农业科学，2016，57（8）：1340-1345．

[95] 孙宇，苏悦，胡银根．基于Logistic与AHP混合模型的宅基地有偿退出影响因素研究：以湖北省宜城市为例［J］．资源开发与市场，2019，35（9）：1113-1119，1132．

[96] 李宴．农村土地承包期满继续承包制度研究［J］．农业经济问题，2018（2）：12-20．

[97] 陈猛超．阜平县楼房村整村搬迁后农户权益变化研究［D］．保定：河北农业大学，2018．

[98] 盛彩娇．中国与巴基斯坦农村土地制度比较研究［D］．北京：中国农业科学院，2018．

[99] 闵杰，王茜，孙婧琦．乡村振兴背景下的黑龙江农村妇女土地权益：基于社会性别视角［J］．山东女子学院学报，2020（3）：26-31．

[100] 田鹏．农地产权视角下农业经营制度变迁的实践逻辑及反思［J］．经济学家，2021（9）：119-128．

[101] 丰雷，张清勇．20世纪90年代中后期以来的征地制度变迁：兼论1998年《土地管理法》修订的影响［J］．公共管理与政策评论，2020（3）：29-48．

[102] 郭星华，曹馨方．从农民的心态变迁看征地纠纷的根本化解［J］．探索与争鸣，2019（12）：104-122，159．

[103] 房绍坤．土地征收制度的立法完善：以《土地管理法修正案草案》为分析对象［J］．法学杂志，2019（4）：1-12．

[104] 段盼盼，张立华．禹城市被征地农民养老保险工作探析［J］．山东人力资源

和社会保障，2021（8）：42 - 43.
[105] 中国政务舆情监测中心．“三块地”改革试点看过来［J］. 领导决策信息，2017（8）：22 - 25.
[106] 魏兴．征地补偿与安置的政策分析：以丽水市为例［D］. 杭州：浙江大学，2005.
[107] 曲波．农地征收补偿中安置补助费的确定［J］. 农业技术经济，2001（3）：55 - 58.
[108] 李明月，胡竹枝．农地征收与农地产权制度建设［J］. 农业现代化研究，2002（7）：303 - 306.
[109] 萧筠．关于农地征收补偿制度的思考［J］. 改革与探索，2004（1）：11 - 13.
[110] 吴毅．农地征用中基层政府的角色［J］. 读书，2004（7）：144 - 150.
[111] 王小映，贺明玉，高永．我国农地转用中的土地收益分配实证研究：基于昆山、桐城、新都三地的抽样调查分析［J］. 管理世界，2006（5）：62 - 68.
[112] 孙绪民，周森林．论我国失地农民的可持续生计［J］. 理论探讨，2007（5）：90 - 92.
[113] 陈莹，张安录．农地转用过程中农民的认知与福利变化分析：基于武汉市城乡结合部农户与村级问卷调查［J］. 中国农村观察，2007（5）：11 - 21，37，81.
[114] 邓大松，王曾．城市化进程中失地农民福利水平的调查［J］. 经济纵横，2012（5）：53 - 57.
[115] 袁方，蔡银莺．城市近郊被征地农民的福利变化及个体差异：以江夏区五里界镇为实证［J］. 公共管理学报，2012（2）：76 - 82，125 - 126.
[116] 王伟，马超．不同征地补偿模式下失地农民福利变化研究：来自准自然实验模糊评价的证据［J］. 经济与管理研究．2013（4）：52 - 60.
[117] 周义，李梦玄．失地冲击下农民福利的改变和分化［J］. 农业技术经济，2014（1）：73 - 80.
[118] 祝天智．边界冲突视域中的农民内部征地冲突及其治理［J］. 北京社会科学，2014（9）：22 - 29.
[119] 王权典，陈利根．集体土地征收补偿制度变革的立法选择［J］. 华南农业大学学报：社会科学版，2014（4）：37 - 45.
[120] 贺雪峰．如何理解征地冲突：兼论《土地管理法》的修改［J］. 思想战线，2018（3）：111 - 117.
[121] 田先红．地利分配秩序中的农民维权及政府回应研究：以珠三角地区征地农民上访为例［J］. 政治学研究，2020（2）：90 - 103，128.
[122] 田先红，罗兴佐．派系政治与农民上访的逻辑［J］. 思想战线，2017（2）：

112－119.

[123] 吕小锋，朱政，王田富．征地补偿与农村减贫［J］．南方经济，2020（2）：108－127.

[124] 胡清华，伍国勇，宋珂，等．农村土地征收对被征地农户福利的影响评价：基于阿马蒂亚·森的可行能力理论［J］．经济地理，2019，39（12）：187－194.

[125] 赵晶晶，李放，李力．被征地农民的经济获得感提升了吗？［J］．中国农村观察，2020（5）：93－107.

[126] 唐健．从经济政策到社会政策：征地制度变迁解释［J］．中国土地科学，2021，35（5）：1－7.

[127] 唐健．对新《土地管理法》界定公共利益缩小征地范围的认识［J］．中国土地，2020（2）：9－11.

[128] 虞晓芬，金细簪，城市征地拆迁中谋利型抵制行为的思考［J］．中国城市研究，2013（12）：151－153.

[129] 夏柱智．土地管理法有无必要大修?：33个土地制度改革试点的进展、问题和启示［DB/OL］．（2017－09－22）［2023－05－31］．乡村发现，https://www.zgxcfx.com/sannonglunjian/103260.html.

[130] 吴次芳，董祚继，叶艳妹，等．中国农村土地制度改革总体研究［M］．杭州：浙江大学出版社，2018：274.

[131] 陈伟，刘晓萍．“涨价归资本”：中国农地转用增值收益分配新解［J］．经济学动态，2014（10）：99－110.

[132] 廖霞林，周思娜．我国征地补偿标准探讨：兼评新《土地管理法》征地补偿标准［J］．江西农业学报，2021（6）：105－110.

[133] 张兴．英国土地强制征购与补偿制度及对我国的启示［J］．中国国土资源经济，2020（8）：59－69.

[134] 桂华．地权形态与土地征收秩序：征地制度及其改革［J］．求索，2021（2）：74－81.

[135] 任静，李赖志．日本农业规模经营的考察和分析［J］．经济纵横，1991（6）：36－38.

[136] 成德宁．构建城乡利益共享的土地增值收益分配机制［J］．国家治理，2021（2）：21－27.

[137] 姚睿，吴克宁，冯品，等．基于耕地价值和增值收益的征地补偿研究：以河北省定州市征地制度改革为例［M］//中国土地资源科学创新与发展暨倪绍祥先生学术思想研讨会论文集．南京：南京师范大学出版社，2018：183－190.

[138] 吴靖瑶．征地制度改革试点比较与典型案例研究［D］．北京：中国地质大学，2019：26.

[139] 孙秋鹏．城郊农用地征收中的双边垄断与补偿标准的棘轮效应［J］．宁夏社会科学，2021（3）：86－96.
[140] 许中缘，崔雪炜．集体土地征收补偿制度的功能定位［J］．浙江社会科学，2019（10）：30－49.
[141] 张赛．农村征地纠纷原因及其治理对策研究：以L村为例［D］．南京：南京航空航天大学：14－15.
[142] Lawrence Blume，Daniel Rubinfeld，Compensation for Takings：A conomic Analysis［J］. Calif. Law Rev.，1984（4）：569－628.
[143] 张清勇，杜辉，仲济香．农村宅基地制度：变迁、绩效与改革：基于权利开放与封闭的视角［J］．农业经济问题，2021（4）：46－58.
[144] 杜艳，陈丹．农村宅基地"三权分置"中"适度放活"的制度完善［J］．农业经济，2021（12）：84－86.
[145] 吴宇哲，沈欣言．农村宅基地资格权设置的内在逻辑与实现形式探索［J］．中国土地科学，2022（8）：35－42.
[146] 陈基伟．农村宅基地资格权实现方式浅议［J］．中国土地，2019（3）：16－18.
[147] 高海．宅基地"三权分置"的法实现［J］．法学家，2019（4）：132－145.
[148] 吴昭军．宅基地使用权继承的理论障碍与廓清：以重释"一户一宅"为切入点［J］．农业经济问题，2021（5）：78－89.
[149] 钱龙，高强，陈会广．论宅基地"三权分置"的权属特征及目标指向：兼与承包地"三权分置"比较［J］．农村经济，2020（1）：24－31.
[150] 张力，王年．"三权分置"路径下农村宅基地资格权的制度表达［J］．农业经济问题，2019（4）：18－27.
[151] 李凤奇，王金兰．我国宅基地"三权分置"之法理研究［J］．河北法学，2018（10）：147－159.
[152] 刘守英，熊雪锋．经济结构变革、村庄转型与宅基地制度变迁：四川省泸县宅基地制度改革案例研究［J］．中国农村经济，2018（6）：2－20.
[153] 陈柏峰．农村宅基地限制交易的正当性［J］．中国土地科学，2007（4）：44－48.
[154] 赵林玉，冯广京，谢莹．农村宅基地价值构成及其退出补偿对价研究［J］．农业经济问题，2021（8）：104－112.
[155] 黄延信．破解农村宅基地制度改革难题之道［J］．农业经济问题，2021（8）：83－89.
[156] 祁全明．我国农村闲置宅基地的现状、原因及其治理措施［J］．农村经济，2015（8）：21－27.
[157] 李文明．农村闲置宅基地流转问题研究［D］．重庆：西南大学，2010.
[158] 邵恒心，宇德良，宋德义．宅基地"三权分置"背景下重庆市闲置农房盘活

利用思路探讨 [J]. 农村经济与科技，2019，303 (14)：221-222，230.

[159] 杨亚楠．农村宅基地闲置状况研究综述 [J]. 现代农业科技，2008 (14)：281-282，284.

[160] 谢娜．两型社会建设中农村闲置宅基地利用研究 [D]. 长沙：湖南农业大学，2011.

[161] 周阳．基于土地功能的农村闲置宅基地再利用模式研究 [D]. 长沙：湖南农业大学，2016.

[162] 张容军．农村闲置宅基地的界定与分类 [D]. 长沙：湖南农业大学，2017.

[163] 陈百明，宋伟．我国农村宅基地标准值的探讨 [A]//中国自然资源学会土地资源研究专业委员会，中国地理学会农业地理与乡村发展专业委员会．中国土地资源可持续利用与新农村建设研究．中国自然资源学会土地资源研究专业委员会，中国地理学会农业地理与乡村发展专业委员会，2008：5.

[164] 吕军书，刘颖莹．关于农户宅基地的利用状况、腾退意愿的调查及政策建议：基于河南省新乡市 190 个样本农户的实证研究 [J]. 经济体制改革，2015 (5)：105-109.

[165] 臧慧怡，曹金凤，仓昀．对苏北地区农村宅基地利用现状的思考 [J]. 江苏农业科学，2018，46 (7)：346-349.

[166] 眭睦，韩纪江．农村宅基地的现状及其闲置问题：基于宁夏的考察 [J]. 农业经济，2019 (6)：94-96.

[167] 欧晓琴．乡村旅游背景下农村闲置宅基地保护性开发研究：以广西恭城瑶族自治县国家级传统村落为例 [J]. 产业与科技论坛，2020，19 (7)：76-78.

[168] 徐玲，肖双喜．远郊农村宅基地闲置原因与对策研究 [J]. 沈阳农业大学学报：社会科学版，2016，18 (5)：521-525.

[169] 杨俊，张鹏，李争．乡村“三生”空间综合评价与空间优化研究 [J]. 国土资源科技管理，2019，36 (4)：117-130.

[170] 杨帆，邹伟．农村宅基地建房规划管理：现实困境与制度重构 [J]. 南京社会科学，2017 (5)：53-57.

[171] 程亚英，陈志平，赖玉莹．测绘在国土空间规划中的应用研究：以蒋巷宅基地改革村庄规划为例 [A]//江苏省测绘地理信息学会．第二十二届华东六省一市测绘学会学术交流会论文集（二）. 江苏省测绘地理信息学会：《现代测绘》编辑部，2021：3.

[172] 张淑娴，陈美球，邝佛缘，刘艳婷，周丹．家庭劳动力流动对农户宅基地流转意愿的影响分析 [J]. 北方园艺，2019 (5)：180-186.

[173] 赵保海，张会萍．浅谈农村宅基地有偿退出的途径 [J]. 农业经济，2019 (10)：96-98.

[174] 刘嘉豪，张晓平，谭宇欣．祖业观念影响下的农村宅基地退出策略：基于宗族型农村的调查分析 [J]. 中国国土资源经济，2020，33（11）：23-28，7.
[175] 魏晖，巩前文．农村宅基地闲置的主要类型及分类治理对策 [J]. 世界农业，2020（10）：13-19，135.
[176] 李婷婷，龙花楼，王艳飞．中国农村宅基地闲置程度及其成因分析 [J]. 中国土地科学，2019，33（12）：64-71.
[177] 艾希．农村宅基地闲置原因及对策研究 [J]. 中国人口·资源与环境，2015，25（S1）：74-77.
[178] 夏克勤．宅基地流转改革的价值趋向与改革路径 [J]. 江西社会科学，2016，36（9）：164-170.
[179] 陈雨欣，陈红霞，俞美佳．农村宅基地退出农民权益保障研究综述及展望 [J]. 上海国土资源，2016，37（2）：30-33.
[180] 陈美球，徐星璐，朱美英．农户对农村宅基地流转的认知与意愿：基于江西省 254 户农户调查 [J]. 热带地理，2014，34（4）：505-510.
[181] 黄璐水，罗海波，钟锋．贵州省农村宅基地退出的障碍因素调研与对策建议 [J]. 中国农业资源与区划，2014，35（4）：94-99.
[182] 余永和．农村宅基地退出试点改革：模式、困境与对策 [J]. 求实，2019（4）：84-97，112.
[183] 陈廷辉，田景杰．农村闲置宅基地退出机制探析：以土地资源保护为视角 [A]//中国环境资源法学研究会，中山大学．生态文明法制建设：2014 年全国环境资源法学研讨会（年会）论文集：第一册．中国环境资源法学研究会，中山大学，中国法学会环境资源法学研究会，2014：5.
[184] 张成平．盘活土地资产，推进乡村振兴：鄱阳农村宅基地管理试点综述 [J]. 江西农业，2018（17）：10-11，42.
[185] 要维维．村民变“股民”集体经济破零：长子县整治盘活闲置凋敝宅基地成效显著 [J]. 华北国土资源，2017（6）：9.
[186] 黄国勇．对北流市农村宅基地制度改革试点工作的思考 [J]. 南方国土资源，2020（4）：44-46.
[187] 李风．唤醒“沉睡”的资产：浙江省探索盘活利用农村闲置农房和宅基地 [J]. 浙江国土资源，2018（8）：14-15.
[188] 张靖．盘活利用农村空闲宅基地的几点思考：以天津市蓟州区为例 [J]. 中国土地，2017（6）：13-15.
[189] 韩振华．闲置农宅盘活利用的北京探索 [J]. 农村经营管理，2020（4）：24-25.
[190] 刘宏杰．市民化能力对农户宅基地退出的影响研究 [D]. 杨凌：西北农林科技大学，2021.

[191] 吴郁玲，杜越天，冯忠垒，王梅．宅基地使用权确权对不同区域农户宅基地流转意愿的影响研究：基于湖北省 361 份农户的调查 [J]. 中国土地科学，2017，31 (9)：52－61.

[192] 陆铭，贾宁，郑怡林．有效利用农村宅基地：基于山西省吕梁市调研的理论和政策分析 [J]. 农业经济问题，2021 (4)：13－24.

图书在版编目（CIP）数据

中国农村土地产权制度改革探索 / 赵金龙，胡建，许月明著．—北京：中国农业出版社，2023.11
ISBN 978 - 7 - 109 - 31026 - 1

Ⅰ.①中… Ⅱ.①赵… ②胡… ③许… Ⅲ.①农村－土地产权－产权制度改革－研究－中国 Ⅳ.①F321.1

中国国家版本馆 CIP 数据核字（2023）第 157418 号

中国农村土地产权制度改革探索
ZHONGGUO NONGCUN TUDI CHANQUAN ZHIDU GAIGE TANSUO

中国农业出版社出版
地址：北京市朝阳区麦子店街 18 号楼
邮编：100125
责任编辑：孙鸣凤
版式设计：王　晨　　责任校对：吴丽婷
印刷：北京中兴印刷有限公司
版次：2023 年 11 月第 1 版
印次：2023 年 11 月北京第 1 次印刷
发行：新华书店北京发行所
开本：700mm×1000mm　1/16
印张：13.75
字数：200 千字
定价：79.00 元
